AF298328

CATALOGUE

RAISONNÉ

DES

DIFFERENS EFFETS

CURIEUX ET RARES

Contenus dans le Cabinet de
feu Monsieur le Chevalier
DE LA ROQUE.

1745.

CATALOGUE
RAISONNÉ
DES
DIFFERENS EFFETS
CURIEUX ET RARES

Contenus dans le Cabinet de
feu Monsieur le Chevalier
DE LA ROQUE

1745

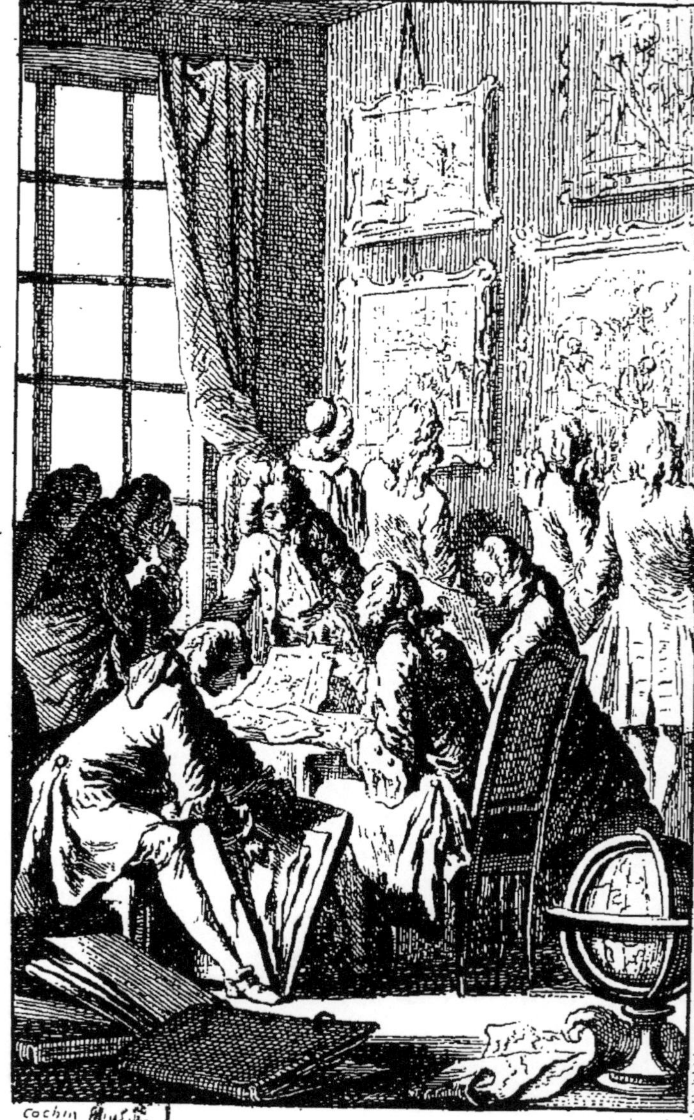

CATALOGUE RAISONNÉ

DES DIFFERENS EFFETS

curieux & rares contenus dans le Cabinet de feu M. le Chevalier DE LA ROQUE.

Ce Cabinet renferme une Collection considerable de Tableaux, de Desseins, & d'Estampes des meilleurs Maîtres; de Figures de Bronze & de Marbre; de Porcelaines anciennes; de Lacqs de toute espece; de Diamans; de Pierres fines de toutes les couleurs; de Pierres gravées en creux & en relief, montées en bague ou autrement & non montées; de Coquilles, & enfin de nombre d'autres morceaux interessans de divers genres.

Par E. F. GERSAINT,

A PARIS,

Chez

JAQUES BAROIS, Quay des Augustins, à la Ville de Nevers.

ET

PIERRE-GUILLAUME SIMON, Imprimeur du Parlement, au bas de la ruë de la Harpe, à l'Hercule.

M. D. CC. XLV.

Avec approbation & Privilege.

LISTE DES CATALOGUES

que j'ai donné en differens tems.

Catalogue raifonné de Coquilles, Infectes, Plantes Marines, & autres curiofités naturelles en 1736.

Catalogue d'une Collection confiderable de Curiofités de differens genres, &c. en 1737.

Catalogue raifonné des diverfes Curiofités du Cabinet de feu M. Quentin de Lorangere &c. en 1744.

Catalogue raifonné d'une Collection confiderable de diverfes Curiofités en tous genres, contenuës dans les Cabinets de feu M. Bonnier de la Moffon en 1744.

Catalogue raifonné des differens Effets curieux & rares, contenus dans le Cabinet de feu M. le Chevalier de la Roque en 1745.

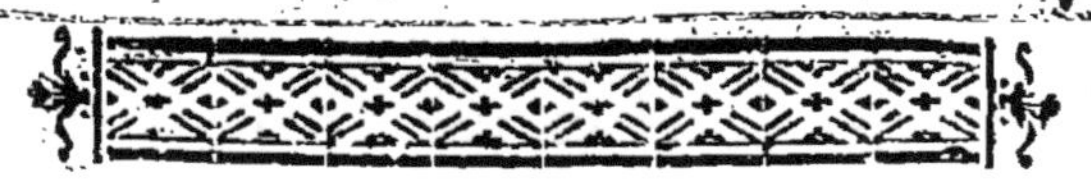

AVERTISSEMENT.

C'EST avec une douleur amere, que je rends compte aujourd'hui au Public, des Effets curieux qui composent ce Cabinet. Je n'ai pû revoir la plûpart des morceaux rares qu'il renferme, sans me rappeller les momens agréables que j'ai passé si souvent à les admirer avec feu M. le Chevalier de la Roque, qui en étoit le possesseur, & dont j'avois l'avantage d'être ami depuis plusieurs années. Ce souvenir me retrace, à la verité, les conversations satisfaisantes & fructueuses, que j'ai

eu

eu tant de fois avec lui, sur les differens genres de *Curiosités*, qui peuvent amuser avec profit un homme de gout; mais elles me font en même-tems ressentir la perte que j'ai faite, ainsi que tous ceux qui avoient le bonheur de le connoître, je veux dire tous ses amis; car il étoit impossible de le fréquenter sans le devenir. La probité, la douceur des mœurs, la candeur, la sincérité qui formoient son caractere, & qui étoient si naturellement peintes sur son visage, lui attiroient l'estime & la veneration de tous ceux qui l'aprochoient.

La maniere prudente, sage, mesurée, mais en même-tems pleine

pleine de fentiment & de juf-
teffe, avec laquelle M. de la
Roque nous entretenoit quelquefois dans fes Mercures au
fujet de certains morceaux de
nos célebres Artiftes, dont il
nous faifoit fentir, en con-
noiffeur tout le merite , eft
une preuve affez convaincan-
te, & un éloge affez naturel
du choix de ce que l'on doit
trouver dans ce Catalogue,
pour que je fois difpenfé de
chercher à le perfuader.

Mais avant que d'entrer
dans le détail des Piéces que
contient cette Vente, j'ai crû
faire plaifir au Public, de lui
tracer une legere idée des motifs qui ont animé M. de la
Roque, à former un Cabinet

de

de cette conséquence, & de
tâcher de lui donner une foible ébauche du merite d'un
homme dont la mémoire doit
être respectable. Au défaut
de l'amitié qui me lioit à lui,
la seule justice dûë à ses talens m'y engageroit.

Antoine de la Roque, né à
Marseille en 1672. d'une bonne & ancienne famille de la
même Ville, songea de bon-
ne-heure à se procurer une aî-
sance honnête qui pût repon-
dre à la varieté de ses goûts;
il comprit que pour y réüs-
fir, il falloit quitter sa patrie: il fit plusieurs voyages
dans sa jeunesse, tant hors du
Royaume que dans plusieurs
Provinces de France, cher-
chant

chant également à s'amuſer
& à s'inſtruire, faiſant conſiſ-
ter principalement l'un & l'autre à frequenter les bonnes
Compagnies, & ſur-tout les
Artiſtes d'un mérite diſtingué.

De retour dans ſa famille,
il commença à mettre la main
à deux vaſtes projets que d'autres occupations plus indiſ-
penſables l'ont empêché d'exécuter, mais ſur leſquels il a
recüeilli quantité de mémoi-
res qui contiennent un nombre prodigieux de faits, de recherches & de particularités.
L'un de ces projets étoit
une *Hiſtoire des Peintres*, &
l'autre une *Hiſtoire du Théatre
François*. Si ces deux morceaux
euſſent pû paroître, ils n'au-

b   roient

roient peut-être pas effacé le peu que nous avons de bon en ce genre, mais ils auroient sûrement servi à le rectifier, par l'ordre, la précision, & par beaucoup de connoissan-ces réünies.

Pour se satisfaire sur ces deux objets, d'une maniere encore plus étendue, il crut devoir suivre à Paris l'aîné de ses freres, sans autre plan dé-terminé, il y trouva bien-tôt une occasion favorable de s'y fixer & d'entrer en même tems dans le Service, il la saisit avec joye, & s'acquitta tou-jours avec honneur & avec zéle des fonctions qui lui fu-rent confiées.

Sa passion dominante a tou-

jours

jours été pour les beaux Arts.
Il les aimoit en galant homme, qui encourage ceux qui
les cultivent, qui les connoît,
& qui se fait un plaisir d'en
rassembler des échantillons
proportionnez à ses facultés.
Aussi laisse-t-il après lui un
assemblage de plusieurs sortes
de *Curiosités* très-considera-
bles pour un simple Particulier.

En effet, quelle varieté dans
son Cabinet ! Il n'y a gueres de
genre de *Curiosités* dont on
ne trouve des morceaux d'élite, qui étonnent par leur quantité, quand on fait attention
qu'il n'étoit pas du nombre
de ces hommes fortunez que
leur heureuse situation met

 en

en état de pouvoir se satisfaire dans tous leurs desirs. Tableaux de choix ; Desseins ;
Estampes ; Bronzes & autres
ouvrages de Sculptures ; Porcelaines ; Lacqs de toute espece ; Diamans & autres Pierres fines d'une couleur parfaite ; Pierres gravées en creux
& en relief, Coquilles. Voilà
en gros ce qui compose ce
Cabinet, & on ne sera plus
surpris comment il a pû être
poussé à ce point, lorsqu'on
sçaura qu'il fait seul, aujour-
d'hui, presque tout le fruit de
ses travaux, qu'il étoit son unique passion, & que tout son su-
perflu étoit destiné à enrichir
par degrés ce Cabinet de tout
ce qu'il pouvoit trouver de
beau

beau en chaque genre.

M. de la Roque eut le malheur d'avoir une jambe & une partie de la cuiſſe emportées à la canonade de Malplaquet en 1709. étant alors dans la Compagnie des Gendarmes de la Garde du Roy. Ce funeſte accident accompagné de circonſtances honorables & ſingulieres, trop longues pour les détailler icy, lui avoit valu avec la Croix de Saint Louis, une Penſion du feu Roy Louis XIV. qu'il a conſervée ſous ce Regne, juſqu'à ſa mort.

Il jouiſſoit auſſi d'une pareille Penſion de la part d'un Officier Général reſpectable, mort au commencement de l'année 1732. à qui il étoit

b iij   atta-

attaché, & pour lequel il a toujours gardé une parfaite reconnoissance.

Le sieur Dufresny l'ayant associé au Privilege du Mercure en l'année 1721. il fallut que M. de la Roque remplaçât, par un travail assidu, des soins que le sieur Dufresny employoit plus volontiers à la composition de ses Comedies, ensorte que tout l'ouvrage du Mercure tomba sur le Chevalier de la Roque.

Après la mort du sieur Dufresny, il obtint un Brevet du Roy, du 17. Octobre 1724. & un Privilege en son nom, pour faire seul cette composition. On peut dire qu'il a toujours sçû le rendre inter-
ressant

reſſant, ſur-tout dans la partie qui regardoit les Arts, que
perſonne n'avoit traitté avant
lui avec autant de gout & de
diſcernement, qu'il ne s'eſt jamais écarté de la modération
& de la ſageſſe qu'exige un ouvrage periodique de cette nature, qu'il a heureuſement
continué ſans interruption
depuis l'année 1721. juſqu'au
mois d'Octobre 1744. pen-
dant lequel il a été enlevé par
une fievre maligne. Il en a
donné au Public ſans aucune
interruption & avec le même
ſuccès 331. volumes.

Une phiſionomie ouverte
& agréable, des mœurs dou-
ces & enjoüées, une conver-
ſation amuſante & badine,

tout

tout cela joint aux autres vertus néceſſaires à la ſocieté
qui, comme nous l'avons deja
dit, le caracteriſoient, lui avoit
fait une quantité d'Amis diſ-
tinguez qui le cheriſſoient,
& qui le regrettent journellement.

Au reſte, je n'ai ſuivi d'autre ordre dans ce Catalogue
que de ranger ſous un même
titre les morceaux du même
genre. Les Parties qui auroient pû exiger plus d'aran-
gement, ſont les Eſtampes &
les Deſſeins, mais elles n'y
étoient pas en aſſez grande
quantité, ni aſſez ſuivies pour
me mettre dans cette obligation. La Table alphabetique
des noms des differens Peintres

tres, Sculpteurs, Graveurs &
autres Artiftes que j'ai placée
à la fin de ce Catalogue, deviendra commode à ceux qui
voudront s'éclaircir fur le
champ des numeros qui contiennent les ouvrages des Maîtres pour lefquels ils ont plus
de penchant.

J'ai taché, autant que je
l'ai pû, de rendre ce Catalogue interreffant; mais j'ai lieu
d'efperer que l'on voudra bien
ufer de quelqu'indulgence,
s'il ne remplit pas toute l'idée
avantageufe que l'on auroit
pû s'en former, quand on ap-
prendra que je n'ai eû pour le
faire que les momens dont
j'ai pû profiter dans l'inter-
vale du peu de tems que m'a

laiffée

laiſſée la conduite de la vente
des Cabinets de feu M. Bonnier de la Moſſon, qui n'eſt
pas encore achevée ; & que
pour ſatisfaire au tems que
l'on m'a preſcrit, j'ai même
été ſouvent dans l'obligation
d'envoyer les feuilles chez
l'Imprimeur, à meſure que je
les compoſois, ſans pouvoir
les revoir avec l'attention
qu'exige ordinairement un pareil ouvrage, qui n'eſt toujours que trop chargé de fautes & de négligences.

Selon l'uſage que j'ai établi
dans les Ventes précéden-
tes, & qui paroît faire plaiſir aux Curieux, je ne re-
fuſerai point à ceux qui voudront s'éclaircir ſur les arti-
cles

cles qui pourront les interres-
ser, de leur donner cette facilité quelques jours avant la
vente, pourvû qu'ils veulent
bien avoir l'attention de m'a-
vertir auparavant. On com-
mencera par les Tableaux, les
Bronzes, les Porcelaines, le
Lacq, les Pierres fines & les
autres *Curiosités*, qui ont entr'elles quelque rapport, & que
l'on entremêlera chaque jour
de la vente. Ensuite on ven-
dra les Desseins, les Estampes
& les Coquilles, qui seront
pareillement entremêlez.

---

*Comme le jour & le lieu où l'on
doit faire cette vente ne sont pas
encore fixez, ce qui cependant ne
s'éloignera pas des premiers jours
d'après*

d'après Pâques, on aura soin d'en avertir les Curieux par des Affiches, huit jours avant la vente.

On est prié de corriger cette faute au N°. 62. *page* 24. *ligne* 22. aux pieds desquelles est Mercure & Battus : *Lisez*, au bas desquelles on voit Mercure & Battus.

CATALOGUE

CATALOGUE

DES DIVERS GENRES
de Curiosités contenuës dans
le Cabinet de feu M. le Chevalier DE LA ROQUE.

TABLEAUX.

ES Tableaux font, dans
ce Cabinet, une des par-
ties qui y domine le plus.
L'Amour de la Peinture
tenoit le premier rang chez feu
M. de la Roque ; il regnoit si vivement sur lui, que la vûë d'un
beau Tableau, dont il saisissoit
jusqu'au moindre mérite, lui faisoit une impression à laquelle il
ne pouvoit s'empêcher de se li-

A　　　vrer

vrer. J'ai souvent remarqué en lui l'effet de cet entousiasme si ordinaire & si naturel aux vrais Amateurs qui sentent & connoissent les beautés de cet Art. Les expressions énergiques, justes & exactes dont il se servoit alors pour exprimer tout le plaisir qu'il ressentoit, faisoient participer nécessairement au même plaisir ceux qui se trouvoient avec lui. Il étoit attentif à profiter de l'occasion de joüir chez les autres curieux des morceaux qu'il ne possedoit pas, & c'étoit lui donner le cadeau le plus flatteur & le plus exquis que de lui procurer la vûë de quelques nouveautés en ce genre.

Tant d'amour pour cet Art, soutenu d'une connoissance & d'un discernement acquis par l'examen & par l'expérience, ne pouvoit manquer d'exciter M. de la Roque à se faire une collection nombreuse de bons Tableaux.

En

En effet , il eſt aſſez rare de rencontrer chez un ſeul curieux un Cabinet compoſé de près de trois cent morceaux, comme l'eſt celui-ci. Ce qui dénote le bon goût naturel de feu M. de la Roque, eſt que dans un ſi grand nombre, parmi leſquels il y en a pluſieurs du premier ordre & d'un excellent choix, il s'en trouve en même tems très-peu où l'on ne puiſſe trouver quelque mérite capable de faire plaiſir à un connoiſſeur.

Nous eſperons que les Amateurs qui voudront ſe procurer la vûe de ce Cabinet, conviendront facilement de ce que nous oſons avancer ici, & qu'il n'eſt pas ordinaire de trouver un aſſemblage auſſi nombreux & auſſi intéreſſant.

1 UN Tableau peint ſur cuivre de * neuf pouces & demi de large ſur ſept pouces & demi de haut,   24

* Les meſures des Tableaux ſont priſes de feſſiure en feſſiure, & ſans y comprendre les bordures.

A ij   repré-

représentant une Madelaine, dans sa
bordure de bois doré.

2 Un très-beau Paysage dans le goût
de *Berghem*, de trente pouces de haut
sur vingt-quatre de large, dans lequel
il y a une Cascade d'eau naturelle. Ce
Paysage est orné de divers animaux &
figures, il est renfermé dans une bordure de bois sculpté & doré.

3 Un Paysage clair & piquant, peint sur
cuivre par *Paul Bril*, de son meilleur
tems, dans une bordure de bois noir,
ornée de filets & d'agrafes de cuivre.
Il porte six pouces & demi de large
sur quatre pouces & demi de haut.

4 Un autre petit Paysage aussi peint sur
cuivre par le *Brughel*, de trois pouces
& demi de large sur deux pouces &
demi de haut, dans une bordure de
bois doré.

5 Les Portraits du Maréchal d'Ancre,
de sa femme, & de deux de ses enfans,
peints sur deux petits ovales renfermez
dans une seule bordure de bois sculpté
& doré.

6 Un petit Paysage peint sur cuivre dans
le goût du *Brughel*, de six pouces de
large sur quatre de haut, dans une bordure de bois doré.

7 Deux très-petits Tableaux, dont l'un
peint sur bois dans le goût du *Carache*,
&

& l'autre, qui est peint sur cuivre par *Varege*, Eleve de *Corneille Polimburgh*, représente Pan & Syrinx : ils sont renfermez tous deux dans des bordures de bois doré.

8 Un joli petit Paysage dans le goût d'*Adam Elzeimer*, de quatre pouces & demi de large sur trois de haut, dans une bordure de bois doré.

Adam Elzeimer est un des Peintres dont les Tableaux sont les plus rares & les plus difficiles à trouver vrais ; il travailloit en petit, & ne faisoit guere que des Paysages ornez de figures & d'animaux ; des Clairs-de-Lune & des Nuits où il plaçoit souvent des feux accidentels dont il sçavoir tirer de grands effets. Son coloris est extrêmement fort & vigoureux ; sa maniere est des plus finies, ce qui a fait beaucoup rechercher ses ouvrages, & les a rendus en même tems fort rares ; ce Peintre en ayant très-peu fait. Il a cependant conservé presque toujours le goût Allemand dans ses Figures.

A iij *Adam*

Adam Elzeimer nâquit à Francfort en 1574. il eut pour Maître un certain *Uffembac*, homme d'esprit, mais qui avoit plus de théorie de la Peinture que de pratique. Quand *Adam* se trouva en état de faire usage des leçons qu'il avoit reçûes de ce Maître, il chercha à les mettre à profit par l'examen & l'application qu'il en fit sur les ouvrages des bons Maîtres d'Italie. Il alla à Rome, où il passa le reste de ses jours ; il y vêcut assez misérablement, quoi qu'il y vendit ses Tableaux fort cherement. Comme il les finissoit avec un soin extrême, il étoit obligé d'y employer un tems si considerable, que malgré le prix excessif qu'il y mettoit, ce prix n'étoit pas encore suffisant pour le mettre en état de pouvoir vivre avec aisance : il prit alors du dégoût pour cet Art ; enfin, obligé de vivre d'emprunt, il se trouva si accablé de dettes, que par les poursuites de ses Créanciers, il fut conduit en prison. La douleur qu'il qu'il ressentit alors de sa situation, le rendit si triste, qu'il y périt d'une maladie qui fut les suites de son chagrin.

Jacques Erneste Thoman, son Disciple, a beaucoup travaillé dans sa maniere, & il y a beaucoup de Tableaux de ce dernier qui passent pour être d'*Adam*. Tout le monde connoît l'œuvre de *Goudt*, Comte Palatin, gravé en sept Morceaux d'après ce Maître. *Elzeimer* a aussi gravé lui-même quelques Morceaux d'après ses propres ouvrages.

9 Une petite Vierge peinte sur cuivre par *Baugin*, & renfermée dans une bordure aussi de cuivre.   13 5

10 Un Tableau peint sur toile dans le goût des premiers tems de *Le Sueur*, représentant le Lavement des pieds des Apôtres, dans sa bordure de bois sculpté & doré. Il porte trente-un pouces de haut sur vingt-cinq de large.   60 10

11 Un très-beau Tableau peint sur toile par *Paul Veronese*, au bas duquel est écrit: *Verona fatta nel Monasterio Angolo anno* 1581. il porte trois pieds trois pouces.   120

pouces de large fur deux pieds neuf
pouces de haut, il eſt renfermé dans
une bordure de bois ſculpté & doré.

Ce Tableau eſt peut-être le ſeul
ſur lequel *Paul Veroneſe* ait mar-
qué une année pour en fixer l'é-
poque; il a une ſingularité qui en
releve le mérite, & qui le rend
reſpectable : il eſt néceſſaire que
les curieux en ſoient inſtruits. On
voit dans ce Tableau deux differens Sujets peints l'un ſur l'autre,
& dont celui qui couvre le premier qui a été fait, paroît être
peint ſur une toile feinte qui paroît
roulée dans la partie du haut, &
qui laiſſe appercevoir le Sujet d'une
fuite en Egypte, par la repréſentation des Figures de Joſeph & de
Marie, dont on ne remarque que
l'extrêmité des Têtes, avec le haut
de pluſieurs arbres qui formoient
un Payſage. Sur la toile qui paroît roulée par le haut, & qui fait
le principal ſujet de ce double
Tableau, on découvre un parfaitement

tement beau Paysage orné de figures & d'animaux. La Ville de
Verone paroît dans le lointain :
le Ciel en eft orageux, & *Paul
Veronnese* y a faifi le moment de
l'orage où le tonnere éclate &
tombe. L'horizon en eft clair &
femblable à celui que l'on voit ordinairement à la fuite d'un orage. On prétend, (& cela paroît très-vraifemblable) que *Paul
Veronese*, dans le tems qu'il pei-
gnoit cette fuite en Egypte dont
on ne découvre qu'une petite partie du Sujet, il furvint alors un
orage affreux qui lui parut pittorefque, & dont il fe fit un plaifir
de faifir fubitement les effets ; ce
qui le détermina à exécuter cette
idée par-deffus ce premier Tableau déja commencé. Ce morceau, indépendamment du mérite
de ce trait hiftorique, a celui d'ê-
tre très-artiftement & très-vigoureufement peint.

12 Deux Pendants peints fur toile par
Dupuis de Lage, repréfentant des jeux
d'Enfans.

d'Enfans ; ils ont quatorze pouces & demi de haut fur près de douze pouces de large. Ils font agréables, de fon meilleur tems, & renfermez dans des bordures de bois uni doré.

13 Un Tableau peint fur bois par *Terburgh*, repréfentant des Buveurs & des Preneurs de Tabac, dans une bordure de bois proprement fculpté & doré : le Sujet eft naturel & naïf : il porte neuf pouces de haut fur cinq & demi de large.

Ce Peintre eft un des bons Maîtres de la Hollande, & dont le Pinceau eft très-gracieux ; fes Tableaux ne font pas communs.

14 Un autre Tableau peint fur bois par *Rubens*, repréfentant Saint Georges qui terraffe le Dragon ; il porte onze pouces de haut fur dix pouces de large, & il eft renfermé dans une bordure de bois fculpté & doré. Il eft de fon meilleur tems, & peint avec beaucoup de legereté.

15 Un Tableau peint fur bois par le *Chevalier de Moor*, repréfentant un Rieur qui tient une bouteille entre fes bras, dans une bordure de bois fculpté & doré ;

ré ; il a huit pouces & demi de haut sur sept de large.

Les Tableaux de ce Maître, qui est Hollandois, sont assez rares, même dans le pays ; ils sont vigoureusement peints, bien touchez, & le Pinceau en est gras & moelleux.

16. Deux Tableaux peints sur toile par un Maître Hollandois, représentant differens Insectes & Plantes, dans des bordures proprement sculptées & dorées. Ils portent dix-neuf pouces de large sur treize pouces de haut.   40

17 Le Portrait en Pied d'une Dame, peint sur toile par *Gaspard Nestcker*, de quinze pouces & demi de large sur dix pouces de haut, dans une bordure proprement sculptée & dorée.   50. 4

*17 Un Tableau peint sur toile en Italie par *Nicolas Poussin*, représentant Bethsabé sortant du bain ; il porte quatre pieds neuf pouces de large sur trois pieds trois pouces de haut, & est renfermé dans une bordure très-proprement sculptée & dorée.   166

18 Deux beaux Tableaux peints sur bois par *Phillipes Wauwermens*, de seize pouces de large sur treize de haut,   280

dans

dans des bordures de bois sculpté &
doré; l'un représente une Charrete de
Foin que l'on charge sur le bord d'un
canal; & l'autre, des Chasseurs à
l'Oyseau dans un beau Paysage, dans
lequel on apperçoit la vûë d'un Château.

62 5   19 Deux Tableaux d'Animaux peints sur
toile par *Grif*, de seize pouces de large sur douze & demi de haut, dans
des bordures de bois doré & sculpté.

36 1   20 Un Tableau représentant une Sainte-
Famille très - vigoureusement peinte
dans le goût de *Paul Veronese*, de
vingt-sept pouces de haut sur vingt-
deux de large, dans une bordure de
bois sculpté & doré.

38 5   21 Un Tableau original, très-amusant
& très-bien peint sur bois par un Maître Hollandois; il représente un * *Mu-
sico* de Hollande, rempli de diverses

* Les *Musicos* en Hollande sont des especes
de Cabarets ou d'Estaminées tolerez par les
Etats, & dans lesquels s'assemblent les soirs plusieurs gens du bas peuple, hommes & femmes
qui s'y réjouissent & passent souvent les nuits à
fumer, boire & danser : La Symphonie y est
assez passable. Il s'en trouve quelques-uns où
vont de bons Bourgeois avec leurs filles; mais
le plus souvent, ils ne sont remplis que de Matelots, de filles domestiques, & même de mauvaise vie, & de la plus grande partie des jeu-

Figures

Figures grotesques ; il porte vingt-cinq pouces de large sur vingt de haut, dans une bordure de bois doré.

22 Deux Tableaux peints sur bois par *Grif*, de quatorze pouces de haut sur dix de large , avec bordures de bois sculpté & doré.

23 Un très-beau Tableau peint sur bois par *Girard-Dou* , de neuf pouces de large sur onze pouces & demi de haut ,

nes libertins de la Ville, qui n'y vont que pour faire des connoissances dangereuses pour les suites ; il ne s'y passe cependant rien contre la bienséance. Autrefois ces lieux étoient beau= coup plus suspects & plus libres; ordinairement les Matelots des vaisseaux qui vont aux grandes Indes , dépensent dans ces endroits, pendant les premieres semaines de leur arrivée , tout l'ar· gent qu'ils ont pû retirer de leur voyage , & qu'on ne leur paye qu'à leur retour. On prétend que c'est une politique des Etats, dont le but est de les mettre dans l'obligation de s'engager pour un nouveau voyage, qu'ils acceptent avec plai= sir, n'ayant plus alors de quoi subsister, & ces voyages étant leur ressource ordinaire. Le Lundi & le Samedi sont les jours de la semaine desti= nez dans Amsterdam pour ces sortes d'Assem= blées ; il y a cependant quelques *Musicos* où l'on peut aller tous les jours , mais on paye une somme pour pouvoir jouir de ce droit. Dans le tems des Foires , ou *Karemesses* , il y en a un bien plus grand nombre, & alors tous les hon= nêtes gens ne se font nul scrupule d'aller s'y réjouir pendant la nuit.

B   repré-

repréſentant une vieille femme, dont la tête eſt parfaitement bien caracteriſée & très-finie, dans une bordure de bois ſculpté & doré.

*23 Un Tableau peint ſur toile par *Honder Coter*, Maître Hollandois, d'un pied ſept pouces de haut, ſur un pied quatre pouces de large, dans une bordure très-proprement ſculptée & dorée.

Ce Maître eſt un des meilleurs de la Hollande pour les Animaux, & ſes Tableaux ſont des plus eſtimez dans ce genre.

24 Un autre Tableau agréable, peint ſur bois par *Molenaer*, Maître Hollandois, il repréſente un hyver avec pluſieurs gliſſeurs en patins ; il porte quinze pouces de haut ſur douze pouces de large, & eſt renfermé dans une bordure de bois uni doré.

25 Deux Tableaux d'Inſectes & de Plantes, peints auſſi ſur bois par un Maître Hollandois, avec des bordures de bois doré ; ils portent onze pouces & demi de haut ſur dix pouces & demi de large.

26 Un Port-de-Mer peint ſur cuivre par M. *Grevenbrock*, de douze pouces de long ſur ſept pouces & demi de haut,

avec

avec une bordure de bois sculpté & doré.

27 Un autre beau Tableau très-fini & peint sur bois par *Girard-Dou*, de dix pouces & demi de haut sur huit de large ; il représente une Vieille que l'on voit au travers d'une porte qui est ornée d'Architecture : il est renfermé dans une bordure dorée ; ce Tableau est du bon tems de ce grand Maître.

28 Un autre excellent Tableau peint sur toile par le bon *Vande-Velde*, & de son meilleur tems ; il représente un très-beau Paysage avec plusieurs Animaux couchez sur l'herbe au bord d'une riviere, dans laquelle quelques-uns sont réflechis, & quelques figures ; il porte seize pouces de haut sur quatorze de large, & il est bordé avec un cadre noir ; c'est un des bons Morceaux de ce Cabinet.

*28 Un Tableau peint sur bois par *Bega*, d'un pied sept pouces de haut sur un pied six pouces de large, représentant plusieurs Paysans qui se réjouissent ensemble : la bordure est très-proprement sculptée & dorée ; c'est un des meilleurs & des mieux peints que ce Maître ait fait.

29 Un Tableau original peint sur toile par un Maître Hollandois ; il repré-

B ij

sente

fenté un Sujet galant, il porte douze pouces de haut fur dix pouces & demi de large; fa bordure eft de bois d'Ebene.

140-1 30 Un très-beau Payfage du bon tems de *N. Berghem*, avec figures & animaux; il a feize pouces de haut fur quatorze de large, & il eft renfermé dans une bordure de bois noir.

96 31 Une Tabagie peinte fur bois par *David Teniers*, de fon bon tems, de dix pouces & demi de large fur cinq & demi de haut, dans une bordure ancienne de bois doré.

229 32 Deux jolis petits Payfages avec plufieurs Ruines; ils font peints fur cuivre par *Bartholomé Brehenberg*, dans fon meilleur tems; ils font très-finis, clairs, & agréables; ils portent onze pouces de haut fur fept pouces & demi de large, & font renfermez dans des bordures de bois fculpté & doré.

210-5 33 Un Tableau très-piquant, peint fur toile, & repréfentant un très-beau Payfage orné de Ruines & d'Animaux, le tout fait par *N Berghem*, de vingt-quatre pouces de large fur dix-huit de haut, dans une bordure à la Romaine dorée.

118 34 Un joli Payfage peint fur bois par *Van der Neer*, Maître Hollandois, repréfen-

tant

tant un Soleil couchant ; il porte deux pieds un pouce de largeur, fur un pied cinq pouces de hauteur, fa bordure eft très-bien fculptée & dorée.

*34 Deux petits Payfages peint fur toile par *Hufmans de Malines*, d'un pied de largeur fur dix pouces de hauteur, dans des bordures de bois fculpté & doré.   60-2

35 Deux Tableaux peints fur cuivre, dont l'un repréfente le Crucifiement de Saint Pierre, & l'autre, le Martyre de Saint André, chacun de dix-huit pouces & demi de haut, fur treize pouces & demi de large, dans leurs bordures de bois doré.   45

36 Un très-beau Tableau peint fur toile par *David Teniers*, de fon meilleur tems, repréfentant une Tabagie ; il porte vingt-quatre pouces de large fur dix-fept pouces de haut, & il eft renfermé dans une bordure de bois doré.   412

37 Un Tableau Italien de quatorze pouces de large fur dix-neuf de haut, peint fur toile, & repréfentant Saint Antoine de Padoue, dans une bordure proprement fculptée & dorée.   30

38 Deux petits Tableaux de fix pouces & demi de haut fur cinq de large, peints fur bois par *Adrien Van Oftade*, dont l'un repréfente un Matelot, &   100

B iij   l'autre

l'autre, une Payfane, tous deux à mi-corps ; les bordures font proprement fculptées & dorées.

39 Deux autres petits Tableaux de cinq pouces de large fur fept de haut, peints fur bois par M. *Chardin*, dont l'un repréfente une jeune Fille qui travaille en Tapifferie ; & l'autre, un jeune Deffinateur vû par le dos ; ils font renfermez dans des bordures proprement fculptées & dorées.

40 Un très-beau Payfage & très-pito-refque peint fur bois par *Rimbrant*, de vingt-deux pouces de large, fur fept & demi de haut, dans une bordure de bois fculpté & doré.

41 Un Saint Sebaftien parfaitement bien peint fur toile par *Trevifani*, Peintre Italien ; il porte quatorze pouces de large fur dix-huit de haut, il eft renfermé dans une bordure de bois doré. Ce Sujet qui eft trifte ordinairement, eft compofé de façon qu'il eft agréable à l'œil ; il eft fort orné de Figures, & peint très-vigoureufement.

42 Deux Payfages de quinze pouces de large fur dix pouces de haut, très-artiftement peints fur toile par M. *Defportes*, avec bordures de bois doré.

43 Un très-beau Tableau peint fur cui-vre par *Bamboche*, repréfentant un payfage

Payſage, dans lequel pluſieurs voyageurs ſont attaquez par des voleurs; ce Tableau eſt très-fini, & le Payſage en eſt auſſi beau & auſſi fin que de *Bartholomé*; il porte quinze pouces de large ſur dix & demi de haut. On ſçait aſſez que les Tableaux de ce Maître ſont fort rares, & ſur-tout, quand ils ſont purs & de choix.

44 Deux des plus piquans Tableaux que *Vatteau* ait peint; ils ſont ſur cuivre, ils portent douze pouces & demi de large ſur douze pouces de haut; ils repréſentent des Sujets de Guerre; je les ai fait graver ſous les Inſcriptions des *Fatigues* & des *Délaſſemens de la Guerre*, par M. Crepi. Ils ſont très-purs, extrêmement finis, & en même-tems touchez avec tout l'eſprit & toute la fineſſe dont *Vatteau* étoit capable.

680

45 Un Tableau de dix pouces & demi de haut ſur neuf de large, peint ſur bois par *Adrien Van Oſtade*. Il repréſente un Boulanger qui corne le * Pain chaud. Il eſt du meilleur tems de ce

130

* Il eſt d'uſage dans les Pays-bas de manger aſſez ſouvent le matin du pain chaud, dans lequel on renferme du beure, mais preſque toujours le Samedy au ſoir parmi la Bourgeoiſie. Ce jour eſt ordinairement conſacré au nettoyement de toute la maiſon; & comme il eſt ſuppoſé

Maître

Maître , & peint avec la touche &
l'esprit du *Rimbrant* ; il est renfermé
dans une bordure de bois doré : ce
Tableau est gravé depuis peu.

204 46 Un très-beau Christ au Tombeau peint
sur toile par *Antoine Wandick* , de
douze pouces & demi de large sur neuf
de haut , dans une bordure de bois
sculpté & doré. Ce Tableau est peint
avec toute la legereté , l'élegance &
la correction ordinaires aux ouvrages
de ce Maître.

245 47 Un joli Tableau du meilleur tems
d'*Adrien Van Ostade* ; il représente des
Paysans qui se réjouissent devant une
chaumiere , & qui forment entr'eux
un concert : il est peint avec délicatesse
& touché en Maître , & il peut passer
pour un Morceau de choix de ce
Peintre ; il porte dix pouces de large
sur sept de haut : sa bordure est de bois
doré.

45 48 Un Tableau de quinze pouces de large

que le Domestique est occupé pendant toute la
journée à cet ouvrage, & qu'il n'a pas le tems
de veiller à la préparation du manger du soir,
on se contente d'un pain chaud accommodé
avec du beurre, dont l'aprêt n'est pas long ; ce
qui fait qu'à une certaine heure les Boulangers
de chaque quartier avertissent par un cornet, que
leur fournée est prête à se distribuer, & chacun
accourt alors pour faire sa provision.

sur

sur douze de haut, peint sur bois dans
la maniere du *Braur*, avec une bordure
proprement sculptée & dorée.

49 Un joli Tableau peint sur cuivre par 100
Van Keffel, de son meilleur tems. Il
porte seize pouces de large sur douze
de haut, & représente une Cuisine,
dans laquelle plusieurs Singes jouent
aux cartes ; sa bordure est de bois sculpté & doré ; il est peint tout-à-fait dans
le goût de *Teniers*, & il a la legereté
du Pinceau de ce Maître.

50 Deux des plus beaux Tableaux de 336. 10
Vander Meer, de quinze pouces &
demi de large sur dix pouces & demi
de haut, dont l'un représente une bataille de Turcs, & l'autre un départ
de Caravane ; ils font tous deux du bon
tems de ce Maître, ornez d'un grand
nombre de Figures & très-clairs, ce
qui n'est pas ordinaire aux Tableaux
de ce Peintre, dont les couleurs ont
souvent changé & poussé en noir.

51 Un magnifique Paysage peint sur bois 220
par *Wauvvermens*, dans lequel est représenté le Prophete Elisée, poursui-
vi & mocqué par les enfans. Il est renfermé dans une bordure de bois doré,
très-vif en couleur, & parfaitement
bien peint.

52 Deux Tableaux agréables peints sur 701
toile

toile par *Salviouste*, qui repréfentent deux Ports-de-mer, ornez de grandes piéces d'Architecture, & d'un grand nombre de Figures peintes par *Jean Miel* dans fon meilleur tems. Les Figures de l'un font dans le goût héroïque, & celles de l'autre font dans le goût ruftique. Les fonds en font auffi beaux que du *Claude le Lorrain*, & peints avec la même vapeur ; ils portent quatre pieds deux pouces de large fur trois pieds de haut, & font renfermez dans des bordures de bois fculpté & doré.

53 Deux Buftes de jeunes Garçons peints fur bois, dont l'un eft dans le goût du *Rimbrant*, & l'autre, eft fait par *Abraham Bloemaert* ; ils ont tous deux feize pouces de large fur vingt pouces & demi de haut, & font renfermez dans des bordures noires fort propres.

54 Un Tableau peint fur toile par un des *Baffan* ; il repréfente les Difciples d'Emaüs, & porte quatre pieds trois pouces de large fur deux pieds onze pouces de haut, dans une bordure ancienne de bois fculpté & doré.

55 Un Tableau original peint par *Herman Zagtlieven*, Peintre Hollandois, dans le goût de *Kalf*, de vingt pouces de large fur feize de haut. Il repréfente une

une grange avec tous ſes iſtrumens &
batterie de cuiſine, ornée de trois petites Figures peintes par *Lancret*. Sa
bordure eſt de bois uni doré.

Ce Peintre étoit de Rotterdam;
il nâquit en 1609. Ses Tableaux
qui ſont eſtimez en Hollande, ne
ſont pas fort communs à Paris.

56 Le Portrait d'un Pape liſant une Let-   36
tre, peint ſur toile, de vingt-ſix pouces de haut ſur vingt-deux & demi de
large, & au haut duquel eſt écrit avec
un pinceau : *Portrait du Pape Paul IV.*
âgé de quatre-vingt ans, peint par
Mellan. Sa bordure eſt de bois noir.

57 Deux petits Payſages peints dans le   18   1
goût de *Bartholomé*, de quatre pouces
& demi de haut ſur ſix de large, avec
des bordures ſculptées & dorées

58 Un très-beau *Teniers-Baſſan* de forme   124
octogone, peint ſur bois, de ſept pouces & demi de large ſur ſix pouces &
demi de haut, dans une bordure de
bois doré. Il eſt touché très-vigoureu-
ſement & parfaitement dans le goût
du Maître qu'il a cherché à imiter.

59 Un autre beau Tableau peint ſur toile   50
par le *Baſſan*. Il repréſente un Porte-

mẽht

ment de Croix, & porte trente - un
pouces de haut fur vingt - quatre de
large, dans une bordure de bois doré.

60 Un parfaitement beau Tableau très-
fini, & peint fur bois par un éleve de
Rimbrant. Il a trente pouces de haut
fur vingt-huit & demi de large, & repréfente David qui confole Bethfabée,
femme d'Urie, de la perte de fon enfant. Il eft orné d'un grand nombre de
Figures, & renfermé dans une bordure
ancienne dorée.

61 Deux petits Tableaux ronds de quatre
pouces & demi de diametre, peints fur
cuivre par *Corneille Polimburgh*, avec
bordures dorées.

62 Un autre fort joli petit Tableau ovale,
auffi peint fur cuivre par le même *Corneille Polimburgh*, de cinq pouces &
demi de long fur quatre pouces un
quart de haut. Il repréfente des Ruines aux pieds defquelles eft Mercure &
Battus qui garde la Vache Io. Sa bordure eft de bois doré.

63 Un Tableau peint fur bois par un éleve
de *Rimbrant*, auffi beau que s'il étoit
de ce Maître, & touché avec le même
efprit. Il repréfente un Vieillard affis
dans un fauteuil; il porte feize pouces
de haut fur treize de large : fa bordure
eft proprement fculptée & dorée.

64 Un

64 Un excellent Tableau d'Italie peint sur bois, de seize pouces de haut sur onze de large, représentant le Songe de Saint Joseph. Ce Tableau est en grande réputation parmi les curieux, & véritablement il mérite cette réputation. Plusieurs le donnent au fameux *Correge*, parce qu'il en a toutes les beautés, le grand goût & la maniere; mais la plus grande partie l'attribue à *Camillo Procacino*, Peintre celebre de son tems. Sa bordure est très-proprement sculptée & dorée.

Il y a eu jusqu'à présent de grandes contestations sur ce Tableau, dans lesquelles je n'entreprendrai point d'entrer; en effet, ce seroit prendre trop sur soi que de vouloir décider absolument, non pas du vrai mérite, (car ce qui est beau le doit toujours être, il n'importe qui l'ait fait,) mais des véritables noms que doivent porter certains Tableaux de ce genre, quand on n'a pas d'occasions plus fréquentes que nous en avons ici, de pouvoir

C faire

faire des actes de comparaison sur les ouvrages de tant de grands Maîtres Italiens, dont nous ne possedons, pour ainsi dire, presque rien. Ce seroit être trop téméraire & trop présomptueux, de prendre avec confiance un parti assuré sur la négative ou sur l'affirmative; & c'est s'abuser soi-même de croire que l'on en imposera, & que l'on acquerera le titre fastueux de connoisseur, en le refusant aux autres, lorsqu'ils ne sont pas de notre avis, & en voulant juger sans appel & sur le champ sur-tout ce que l'on voit, particulierement dans des cas aussi douteux, & dans lesquels il me semble qu'on ne doit & qu'on ne peut marcher qu'à pas chancelans. La modestie ne messied pas, (même aux plus expérimentés.) dans des choses aussi difficiles, comme de donner des noms sûrs à des Tableaux dont la plûpart des Maîtres ne nous sont connus que par l'Histoire, l'Hiſtoire , & dont les ouvrages ne peuvent nous être familiers que par la vûë des Eſtampes qui n'en ſont que des copies, & qui dégenerent toujours de la véritable maniere de l'Auteur , indépendamment de ſa touche & des effets de ſa couleur dont nous ſommes privez dans ces Eſtampes.

Ne voyons-nous pas tous les jours ceux qui oſent ſe donner pour des connoiſſeurs infaillibles, ſe tromper dans les jugemens qu'ils portent ſur des Tableaux faits , pour ainſi dire , ſous nos yeux , mais dont la connoiſſance devient équivoque , à cauſe des goûts differens & des manieres oppoſées dans leſquels l'Auteur a ſouvent donné. Il eſt vrai que les curieux veulent un nom d'Auteur à un Tableau qu'ils recherchent , quelque beau qu'il puiſſe être ; ils ne ſont pas ſatisfaits quand on ne leur déſigne que l'Ecole de laquelle on peut le ſoupçonner.

C ij

Il

Il arrive de-là , que l'on voit fort souvent les mêmes Tableaux varier dans leurs noms, & diminuer ou augmenter en mérite ; selon les differentes mains dans lesquelles ils se trouvent, & selon les diverses raisons d'interêts de pour ou de contre, qui déterminent à les faire valoir ou à les faire tomber en discredit. Quoiqu'il en soit, sans entrer dans une décision que j'abandonne avec plaisir à des yeux plus clair-voyans, je me contenterai de dire ici, que le mérite de ce Tableau est réel , qu'il est admirable, tant dans sa composition que dans son exécution , & dans la correction & l'élégance du dessein ; qu'enfin, il est digne des plus grands Maîtres, & que c'est de tous les Tableaux de ce Cabinet, celui que feu M. de la Roque regardoit avec le plus de satisfaction & de complaisance.

Camillo Proccacino , à qui quelques-uns donnent ce dernier Tableau ,

bleau, & que son mérite fit appeller dans son tems le digne & l'excellent Peintre, étoit fils de *Proccacino Proccacci*, Peintre de Crémone ; on voit beaucoup de ses ouvrages dans plusieurs Eglises de cette Ville, & sur-tout à la voute de celle de Saint Sigismond ; il mourut en 1546. âgé de trente-cinq ans. Nous avons quelques Estampes gravées d'après ce Maître qui dénotent un grand génie, & qui font voir qu'il donnoit un peu dans le goût du *Baroche* ; & entr'autres, une Tentation de Saint Antoine, gravée en hauteur par *Bloetlingh*.

65 Deux Tableaux peints sur bois, de douze pouces & demi de large sur quatorze & demi de haut. Le premier qui est peint par le *Rimbrant*, & dont le clair obscur est admirable, représente un Peintre dans son Atelier, qui regarde dans l'éloignement l'effet de son Tableau. Le second, qui est de l'Ecole de ce Maître, représente une espece d'Etable placée au bas d'une Tour,

 au

au pied de laquelle il y a des Figures
éclairées par une lumiere vive qui se
trouve cachée : ils sont tous deux renfermez dans des bordures noires avec
des filets dorez. Ces deux Tableaux
sont pittoresques & de goût.

124 66 Deux autres Tableaux de forme oblongue, très-piquans, & peints sur cuivre
par *Both d'Italie.* L'un représente plusieurs Cavaliers qui courent la poste,
& qui sont prêts d'entrer dans une
Ville dont on apperçoit les dehors ; il a
été gravé par M. *Le Bas* sous cette inscription, *les Courriers.* L'autre est un
Hyver ; ils portent quatorze pouces de
large sur six de haut, & sont renfermez
dans des bordures dorées, anciennes.

135 15 67 Deux Tableaux de quatorze pouces de
large sur dix pouces & demi de haut.
Le premier est peint sur bois par *Bra-
kenburgh*, Maître Hollandois ; son Sujet est très-réjouissant, il représente
un Savoyard qui montre la Curiosité à
plusieurs Enfans, il est très-fini. Le second est peint sur toile par *Goubeau*,
Eleve de *Jean Miel* ; il représente un
Voyageur qui fait alte, & qui se ra-
fraîchit à la porte d'un Cabaret : il est
de son bon tems, & aussi beau qu'un
Jean Miel ; les bordures sont de bois
noir.

68

68 Deux Tableaux Italiens peints fur
toile, de dix pouces de large fur treize
de haut, dans leurs bordures de bois
doré, dont l'un, dans le goût du *Mole*,
répréfente un S. Bruno en extafe, &
l'autre un S. Jerôme Pénitent. 24

69 Un Payfage fort agréable, frais &
clair, orné d'Architecture & peint fur
toile par le *vieux Patel*; il porte vingt-
deux pouces de haut fur trente-un
pouces de large, dans une bordure de
bois fculpté & doré. 167

70 Quatre petits Tableaux d'environ fix
pouces fur quatre, peints fur cuivre
par *Van Keffel*, dont deux ont des bordures unies dorées, & d'autres des
bordures noires. 39. 19

71 Un joli petit Tableau de fept pouces
en quarré, peint par le *Fœti*. Il répréfente S. Simeon tenant l'Enfant
Jefus. Il eft dans une ancienne bordure dorée. 252. 5

72 Une Marine peinte fur toile, par
Montagne de Venife, de vingt-fix
pouces de large fur dix-fept de haut,
dans une bordure de bois fculpté &
verni. 12-1

73 Un Tableau peint fur bois, des plus
beaux & des plus agréables que *Philippes Wauvvermens* ait fait, & de fon
meilleur tems. La compofition en eft
charmante. 430. 1

charmante. Il répréfente le départ d'une Dame pour la chaffe du vol, & qui fait fes adieux à un jeune enfant qui lui tend les bras; il eft orné de plufieurs Figures, chevaux & chiens, avec la vûë d'un beau Château dans le lointain. On en a l'Eftampe gravée par Monfieur *Laurent*, fous ce titre: *Les Adieux*. Il porte treize pouces & demi de haut fur quinze pouces & demi de large. Sa bordure eft fculptée & dorée.

74 Deux très-beaux Tableaux d'Animaux peints fur toile par *Fayte*. Ils ont quarante-quatre pouces de large fur trente-trois de haut, & font renfermez dans des bordures de bois uni doré; ils font parfaitement bien touchez & très-vigoureufement peints.

75 Deux petits Tableaux de fix pouces de haut, fur fept & demi de large, peints fur bois par M. *Chardin*, répréfentant divers uftenciles de Cuifine, avec des bordures de bois uni doré.

76 Un Païfage très-piquant, peint fur bois par *Philippes Wauvvermens*, dans lequel il y a un Chaffeur qui examine un vol d'oifeau, avec plufieurs autres Figures; il eft touché librement, & vif en couleur. Sa bordure eft fculptée & dorée.

77 Un

77 Un Tableau de vingt - neuf pouces de large fur vingt de haut, peint fur toile par M. *Paroffel* le fils, répréfentant un fujet militaire. Il n'a point de bordure.

Le nom de *Paroffel* eft illuftre depuis long-tems dans la Peinture. *Jofeph Paroffel*, qui eft le premier, & que l'on connoît fous le nom de *Paroffel* des Batailles, nâquit à Brignoles en Provence en 1648. & mourut à Paris en 1704. âgé de 56. ans. La vigueur du coloris répandu dans les Tableaux du fameux *Jaques Bourguignon* Jéfuite, ainfi que la fierté & l'élégance des attitudes des figures de *Salvator Rofe*, qui peignit prefque toujours des Gens de guerre, le frapperent de façon que cela détermina fon génie à fuivre ce genre de Peinture, dans lequel il excella. Il eut un frere cadet qui fuivit la même manière, & dont on trouve plufieurs ouvrages tant à Rome qu'en Provence, & enfin en Allemagne où il mourut. Ces deux freres ont

ofé

ofé hazarder de rehauffer les ornemens de leurs drapperies avec
de véritable or; mais *Jofeph* fur-
tout, a pouffé fon coloris fi loin,
qu'il a rifqué de fertir des vrayes
pierres brillantes & coloriées,
pour terminer l'armure d'un Général qu'il avoit peint, fans que
l'harmonie des couleurs voifines,
ni le coup d'œil du tout en ayent
fouffert quelque altération.

Le fils de *Jofeph Paroffel*, mort
depuis quelques années, & pere
de M. *Paroffel* aujourd'hui vivant,
s'eft au moins acquis autant de
réputation dans ce même genre,
quoique par une route differente.
Il fut nommé un des anciens Con-
feillers de l'Académie de Peinture, & fon mérite lui procura un
logement aux Gobelins. Il pei-
gnoit avec feu & facilité en con-
fervant toujours une exacte correction dans fon deffein. Jamais
Peintre n'a mieux faifi la foupleffe
& les differens mouvemens des
chevaux,

chevaux ; il a fçu donner à fes Figures un caractere noble, fier &
animé. Ses fonds font bien choifis
& convenables à fes fujets, & les
effets de fes Tableaux font admirables. Enfin il a excellé fupé-
rieurement dans les fujets deGuer-
re, genre auquel il s'étoit totalement livré.

Pierre Paroffel, coufin de ce dernier, étoit connu fous le nom de
Paroffel d'Avignon. Il étoitPeintre
en Hiftoire, & l'on ne peut donner de meilleures preuves de fon
mérite, qu'en annonçant ici les
quatorze Tableaux de l'Hiftoire
des deux Tobies, avec deux deffus
de porte qu'il a peint dans la Gallerie de M. le Maréchal de Noail-
les. Sa compofition eft ingénieufe,
le caractere de fon deffein approche de celui de Pierre de Cortone, & fon coloris eft brillant
fans être forcé.

M. *Paroffel* aujourd'hui vivant,
Auteur du Tableau de ce Numero,

ro, & digne successeur de ces habiles gens, a hérité du mérite de ses Ancêtres, & nous donne tous les jours des preuves que cet art se plaît dans cette illustre famille, & que l'habileté du Pinceau y succede de pere en fils, en ne faisant que changer de main.

270 10   78 Un très-beau Tableau peint sur toile par *Carlo-Maratti*, de quarante-neuf pouces de large, sur trente-six de haut, dont le sujet est fort gracieux. Il répresente Alphée & Arethuse. Sa bordure est de bois uni-doré, & d'un pouce de largeur.

251 4   79 Un Paysage très-pittoresque, peint sur bois par *Berghem*, & orné de differentes Figures & Animaux, dans une bordure de bois sculpté & doré.

97-17   80 Un Tableau fort amusant, de vingt-quatre pouces de large sur dix-huit de haut, très-bien peint sur bois par un Maître Hollandois. Il répresente une Cuisine où l'on voit quelques fumeurs avec plusieurs enfans qui sont occupez à nettoyer des ustenciles de Cuisine. Sa bordure est proprement sculptée & dorée.

81 Deux

81 Deux petits Payſages peints ſur toile, 12
de huit pouces de haut ſur ſept de
large, avec des bordures de bois uni
doré.

82 Un Tableau de huit pouces de haut 48
ſur ſept de large, des premieres manieres de *Gérard-Dovv*, qui répréſente
un jeune homme armé d'un Bouclier.
Sa bordure eſt de bois ſculpté & doré.

*82 Une grande Bataille de cinq pieds 52
quatre pouces de large ſur quarante-
quatre de haut, dans une bordure ancienne, ſculptée & dorée.

83 Un autre Tableau peint ſur toile, par 16
Antoine Coypel, d'après le *Georgion*.
Il répréſente le Comte de Nemours
qui ſe fait armer pour la Bataille de
Ravenes. Il porte ſept pouces & demi
de haut ſur ſix & demi de large, avec
une bordure ſculptée & dorée.

84 Un petit Tableau peint ſur toile par 140 10
Gérard-Dovv, il eſt auſſi vigoureuſe-
ment peint & touché, que s'il étoit
du *Rimbrant*, & ſon effet eſt admirable. Il porte neuf pouces de haut
ſur ſept de large, & répréſente une
vieille femme aſſiſe dans un fauteuil,
qui s'eſt endormie en dévidant du fil.
Sa bordure eſt ſculptée & dorée.

85 Un petit Tableau de *David Teniers*, 30
peint ſur bois dans la maniere de *Ru-*

D bens ;

bens ; il a sept pouces de haut sur cinq pouces & demi de large, dans sa bordure de bois sculpté & doré. On croit que c'est le Portrait de *Teniers* même & de sa femme.

4 21 86 Un très-beau Tableau peint sur toile par le *Bourdon*, de son meilleur tems, & tout-à-fait dans le gout de *Bene-dete*. Il est clair & agréable. Il porte quarante-quatre pouces de long, sur trente-trois de haut, & répréfente Jacob offrant un Sacrifice ; il est fort riche d'ouvrage & orné de quantité de Figures & d'Animaux. Sa bordure est anciennement sculptée & dorée.

2 10 87 Deux autres beaux Tableaux de vingt-un pouces de haut sur dix-sept de large, peints sur toile par *Paroffel* le pere. L'un répréfente plusieurs Soldats qui partagent un Butin sur le haut d'une montagne. Dans l'autre sont aussi plusieurs Soldats à table, à la porte d'une Hôtellerie. Ils sont tous deux dans le gout de *Salvator*, & aussi artistement & pittoresquement peints & touchez que par *Jacob Baffan*. Les bordures sont dorées & anciennes.

97 - 7 88 Un Tableau peint sur bois par *Sorgues*, Peintre Hollandois. Il porte vingt-quatre pouces de large sur dix-huit de haut. Sa composition est amusante. Il représente

répréfente un Laboratoire de Chimie, dans lequel on voit à côté du fourneau, un Chimifte qui fe défole de la perte ou du renverfement de fon creufet. Il eft orné de differens attirails propres à la Chimie, & de plufieurs figures occupées à divers travaux convenables à cet art. Sa bordure eft proprement fculptée & dorée.

Ce Maître eft fort eftimé en Hollande; fa maniere eft précife & finie, & fa touche affez fine. Ses Tableaux ne font pas communs en Hollande, & encore moins en France, où il y en a très-peu.

89 Un Tableau de quinze pouces un quart de haut, fur vingt pouces de large, peint fur bois par *Wauvvermens*, de fes premieres manieres. Il répréfente une chaffe au Cerf. Sa bordure eft fculptée & dorée.   72

90 Un des plus beaux & des plus agréables Tableaux *de la Foffe*, peint fur toile, de trente-cinq pouces de large, fur vingt-fept & demi de haut. Il répréfente Loth & fes filles. Il eft renfermé dans une bordure de bois fculpté & doré.   170   5

D ij   91 Un

50　2　91 Un fort beau Tableau d'Animaux peint
fur toile par *Vander Cabel*, dans lequel il y a une figure de Berger, peinte
par feu M. *le Moine*, premier Peintre
du Roi. Il porte trois pieds quatre
pouces de large, fur deux pieds & demi de haut, avec bordure de bois fculpté & doré.

360　92 Deux Sujets agréables, peints fur bois
par *le Chevalier de Moor*. Ils font extrêmement finis & bien coloriez. Ils
portent douze pouces de large, fur
douze pouces & demi de haut, & font
renfermez dans des bordures de bois
fculpté & doré.

30　93 Un Tableau peint fur toile par *Bartholomé d'Italie*, qui étoit Eleve de *Salvator Roze*. Il répréfente plufieurs ro-
chers fur l'éminence defquels paroît
une troupe de Soldats. Ce Tableau approche beaucoup du goût de *Salvator
Roze*. Sa bordure eft de bois fculpté
& doré.

40　94 Un très-beau Tableau peint fur bois
par *Bartholomé Schidon*. Il eft très-fini
& très-vif de couleur. Il répréfente
une Nativité de N. S. & porte onze
pouces & demi de haut fur neuf pouces & demi de large. Sa bordure eft
proprement fculptée & dorée.

Bartholomé

Bartholomé Schidon eſt un Peintre fort eſtimé ; il fut Eleve d'*Annibal Carrache :* mais il s'attacha particulierement à l'étude des Ouvrages du fameux *Correge*, dont il a pluſieurs fois imité parfaitement la maniere. Ses Tableaux furent recherchez de tous côtés. Le Duc de Parme le fit ſon premier Peintre & lui fit préſent d'une très-belle Terre & d'une maiſon magnifique. Il avoit beaucoup de paſſion pour le jeu, & le chagrin qu'il eut de la perte qu'il fit un jour de 800. ducats le conduiſit au tombeau en 1616.

95 Une Tête de vieillard peinte ſur bois ⟶ 15 2
par *Bramer* Eleve de *Rimbrant*, de vingt-ſix pouces de haut ſur vingt-un de large, avec bordure ſculptée & dorée.

96 Un Tableau d'Architecture peint ſur ⟶ 16 1
toile, dans le gout de *Salviouſte*, de trois pieds de large ſur deux pieds deux pouces & demi de haut, avec une bordure à la Romaine, dorée.

97 Le Buſte d'un jeune-homme, parfai- 101
tement

D iij

tement bien peint, par *Rimbrant*, de vingt-neuf pouces de hauteur fur vingt-cinq de large, dans une bordure de bois fculpté & doré.

98 Un Cerf aux abois & pourfuivi par des chiens, de vingt-cinq pouces de haut fur trente-un de large. Il eft peint par *Hondius*, & eft renfermé dans une bordure dorée, fort ancienne.

99 Une Efquiffe de forme contournée, peinte par feu M. *Le Moine*, ré-préfentant une Minerve au milieu des Arts, dans fa bordure de bois fculpté & doré, de même forme. Elle porte vingt-deux pouces de large fur dix-huit de haut.

100 Un Portrait de femme, peint fur bois par un éleve de *Rimbrant*. Il porte deux pieds de haut fur un pied & demi de large. Sa bordure eft de bois fculpté & doré.

101 Deux Marines de forme oblongue, peintes fur toile par *Bortzum*, dans le gout de *Salvator Roze*. Elles portent dix-fept pouces & demi de large, fur fept pouces & demi de haut, avec bordures anciennes fculptées & dorées.

102 Deux jolis Tableaux peints fur toile par M. *Chardin*, de quatorze pouces de large, fur feize de haut. L'un ré-préfente

préfente une Cuifiniere qui tire de
l'eau, & l'autre une Blanchiffeufe.
Ces deux Tableaux font gravez par
le fieur *Cochin* pere, fous les Inf-
criptions de *la Fontaine* & de *la Blan-*
chiffeufe. Les bordures font de bois
fculpté & doré.

103 Un Payfage très-fini, peint fur cui-   230
vre par *Bartholomé*. Il eft garni de
plufieurs Figures & Animaux. Il porte fept pouces de haut fur onze pouces & demi de large. La bordure eft
anciennement fculptée & dorée.

104 Un Payfage extrêmement fini, &   90
peint fur cuivre par *Roland Savry*.
Il eft auffi fini & auffi legerement
peint que par *le Brughel*. Il porte dix
pouces de large fur huit de haut, &
fa bordure eft fculptée & dorée.

Roland Savry étoit Flamand, &
fut un des bons Peintres de fon
tems. Sa maniere eft précife, très-
finie, mais un peu feche ; ce qui
a fait rechercher fes Tableaux,
plus par ceux qui admirent les
Ouvrages faits avec patience, &
qui n'ont que l'expreffion fimple
de la Nature, que par les Amateurs

teurs du mérite de l'Art & du Génie. Il excelloit sur tout, dans les Paysages, les Animaux, les Montagnes, les Broussailles, les Plantes & les chûtes d'eau, qu'il rendoit effectivement au naturel. L'Empereur Rodolphe le fit venir auprès de lui, & l'envoya dans les montagnes du Tirol; il y trouva beaucoup de vûës & de situations singulieres qui lui plûrent, & dont il se fit une quantité d'Etudes, qu'il sçut placer ensuite avantageusement dans ses Tableaux. *Egidius Sadeler* en a gravé un grand nombre. Après la mort de Rodolphe, *Savry* se retira à Utreck, où il partagea ses jours entre le travail & les plaisirs, ayant coutume de peindre pendant toute la matinée, & d'aller passer le reste de la journée avec ses amis. Il y mourut dans un âge assez avancé.

605 105 Deux Têtes de l'Ecole de *Rimbrant*,
peintes

peintes sur bois avec des bordures
de bois sculpté & verni.

106 Deux Tableaux d'Animaux, fruits &
légumes, peints par *Campidoglio*, de
vingt-trois pouces & demi de large
sur dix-sept pouces & demi de haut,
dans des bordures de bois sculpté &
doré. Ils sont très-vigoureusement
peints & touchez.

107 Un Tableau de vingt-cinq pouces de
haut sur dix-huit de large, peint dans
l'Ecole de *Rubens*, & représentant la
Chaste Suzanne surprise par les deux
Vieillards, dans sa bordure de bois
doré.

108 Un très-beau Tableau peint sur toile
par *Jean Miel*, de son meilleur tems,
& représentant un sujet de Paysans,
Il porte treize pouces de haut sur
dix-sept de large. Sa bordure est de
bois sculpté & doré. Ce Tableau n'a
point poussé en noir comme font ordinairement ceux de ce Maître, &
il est d'une grande pureté ; ce qui est
assez rare dans les ouvragées de ce
Peintre.

Jean Miel étoit Flamand, il fut
mis au nombre des Peintres de
l'Académie de Rome en 1648.
C'étoit un homme d'esprit, il
donnoit

donnoit le plus souvent dans des sujets bas & comiques, des répréfentations de farceurs & de gens de bas état; mais il traitoit cependant le genre noble avec beaucoup d'élégance & de fertilité de génie. On trouve quelquefois de fes Tableaux d'hiftoire, qui font comparables à ceux des plus grands Maîtres, & aucun ne l'a furpaffé dans la force du coloris. Il eft correct dans fon deffein : Son pinceau eft gras & onctueux : Enfin fes Ouvrages plaifent univerfellement, & ils ont toutes les qualités que l'on peut attendre d'un grand Péintre. Il a même exécuté de grands morceaux à Fraifque, tant dans les Eglifes de Rome, que dans le Palais du Comte Palatin, qui font des preuves de la fupériorité de fes talens. Il fut appellé à Turin, où fon mérite engagea Son Alteffe Royale à le faire Chevalier de S. Maurice & de S. Lazare.

109 Un

109 Un Payſage peint ſur toile par *Baut* & *Baudouin* de ſeize pouces & demi de haut ſur treize pouces & demi de large, dans une bordure de bois ſculpté & doré.   24 19

110 Un autre Payſage peint ſur toile par un bon Maître Hollandois, dans une bordure dorée unie.   21

111 Un Tableau Italien peint ſur toile, dans le gout du *Lanfranc*. C'eſt un vœu fait à la Vierge. Il eſt très-compoſé & orné de beaucoup de Figures. Sa bordure eſt de bois ſculpté & doré. Il porte vingt pouces de haut ſur treize pouces de large.   25 1

112 Une Vierge tenant l'Enfant Jeſus, peinte ſur bois, de ſeize pouces de haut ſur treize de large, avec une bordure de bois ſculpté & doré.   10

113 Un petit Payſage peint ſur bois par *Braur*, de neuf pouces de haut ſur ſept de large, dans une bordure ancienne de bois ſculpté & doré.   16 19

114 Une Tête de femme très-bien caractériſée, peinte ſur bois par un Maître Hollandois, dans le gout de *Scalk*; elle porte ſept pouces de haut ſur cinq pouces & demi de large, avec une bordure ſculptée & dorée.   19 6

115 Une Moiſſon peinte ſur bois par *Téniers*, de vingt-un pouces de large ſur   250 1

fur quatorze pouces de haut. Ce Tableau eft très-piquant ; il a été gravé par M. *Le Bas* qui a fçu conferver dans l'Eftampe tout l'efprit & la légereté du pinceau de ce Maître. Il eft renfermé dans une bordure de bois fculpté & doré.

116 Deux Marines de quinze pouces & demi de haut fur vingt-trois pouces de large , peintes fur toile par *Grizolphi* dans le gout de *Salvator* , avec des bordures fculptées & dorées. Elles font très – claires. & garnies de beaucoup de figures.

117 Deux Sujets d'Animaux , ornez de Figures & peints fur toile par *Van-Blom* , de vingt-deux pouces de large fur quinze de haut. Les bordures font de bois fculpté & doré.

118 Un Tableau peint fur bois par *Corneille Polimburgh* , avec Figures qui répréfentent Loth & fes filles. Il a dix-neuf pouces de large fur treize pouces de haut, dans une bordure ancienne fculptée & dorée.

119 Un Payfage peint fur bois par *Bloemaert* , de quinze pouces de haut fur vingt-quatre de large , dans une bordure de bois noir.

120 Le Portrait d'une femme joüant du Luth, peint fur bois par un Maître Flamand ,

Flamand, de dix-sept pouces de large fur treize pouces de haut, dans une bordure de bois sculpté & doré.

121 Une Tentation de S. Antoine, peinte fur toile, dans une ancienne bordure sculptée & dorée. Elle porte vingt-cinq pouces de haut fur dix-huit de large.　8　1

122 Deux Sujets des Métamorphofes, peints fur bois, dont l'un répréfente Salmacis & Hermaphrodite, & l'autre Vertumne & Pomone, de vingt-un pouces & demi de haut fur dix-fept de large. Les bordures font peintes en bleu, avec des ornemens & filets fculptez & dorez.　30　1

123 Un magnifique Tableau peint fur toile par *Benedete de Caftiglione*, répréfentant l'enlevement d'Europe. Il porte vingt-neuf pouces de haut fur trente-neuf pouces de large. Sa bordure eft de bois sculpté & doré. On trouve rarement de ces Sujets peints par *Benedete*.　650

124 Une Payfane peinte fur bois par un Maître Hollandois, d'un gout très naïf, avec une bordure à la Romaine dorée. Ce Tableau porte treize pouces de haut fur neuf de large.　33　1

125 Deux très-jolis Tableaux dont l'un eft peint fur cuivre, & l'autre fur　156

E　bois;

bois; tous deux par *Varrege*. Ils répréſentent des Payſages ornez de pluſieurs ruïnes & de figures. Ils portent ſix pouces de haut ſur huit pouces & demi de large. Les bordures ſont proprement ſculptées & dorées.

126 La Réſurrection de Notre Seigneur, peinte ſur bois par *Vouet*, de ſeize pouces de haut ſur douze de large, dans une ancienne bordure dorée. Ce Tableau eſt un des plus beaux de ce Maître.

127 Un Payſage peint ſur toile, dans le gout de *Berghem*, orné de ruïnes, de figures & d'Animaux, dans une bordure de bois ſculpté & doré. Il porte dix - neuf pouces de haut ſur vingt-deux de large.

128 Deux beaux Payſages peints ſur toile par *Ruyſdal*, de vingt-ſept pouces de large ſur vingt-deux de haut, dans des bordures de bois ſculpté & doré.

129 Deux jolis Tableaux peints ſur bois par *Kalf*, répréſentant des Poiſſons, des Légumes, & quelques uſtenciles de Cuiſine. Ils portent vingt-un pouces & demi de haut ſur dix-huit de large, dans des bordures de bois ſculpté & doré.

Ce Peintre eſt eſtimé, il n'a guéres

res donné que dans ce genre. Sa touche est facile & moëlleuse ; il entendoit parfaitement bien le clair obscur, & sçavoit tirer de grands effets de lumiere par la vigueur de son coloris.

130 Un magnifique Tableau peint sur toile par *Paroßel le pere*. C'est un des plus beaux qui soient sortis des mains de ce grand Maître ; il réprésente un Conseil de Guerre, tenu pour juger un Espion que l'on surprend, étant muni de Lettres. Ce Tableau est admirable tant dans le dessein que dans le coloris, & dans l'expreßion de chaque figure. Il porte vingt-cinq pouces de haut sur trente-six de large. Sa bordure est sculptée & dorée.   500

131 Un très-beau Tableau peint sur bois par *Valerio Castelli*. C'est un vœu fait à la Vierge. Il porte seize pouces de haut sur dix pouces & demi de large. Sa bordure est de bois sculpté & doré.   81   18

132 Un Tableau peint sur toile par *Salvator Roze*, de seize pouces de large sur treize pouces de haut, dans une bordure de bois sculpté & doré. Il   99

E ij   répré-

répréfente plufieurs Soldats dans un Corps de Garde.

133 Un autre Tableau peint fur toile par *Jean Miel*, de dix-huit pouces de haut fur onze de large, avec une bordure de bois fculpté & doré. C'eſt un vœu fait à Notre Seigneur.

Ce Tableau fait voir que ce Maître, qui n'a gueres donné que dans des Sujets bas & comiques, étoit capable de traiter l'Hiſtoire. Il eſt parfaitement bien compoſé & la couleur en eſt admirable & brillante.

134 Un Payſage extrêmement fin & piquant, de vingt pouces de large fur quinze de haut, peint fur bois par *Nicolas Berghem*, dans fon meilleur tems; il eſt orné de Figures & d'Animaux. Sa bordure eſt de bois fculpté & doré; mais fort ancienne.

Ce morceau eſt un des plus beaux & des plus piquans de ce Maître, qui a affecté de n'y mettre aucun arbre; mais il a fçu lui donner un mérite capable de toucher

un

un véritable Amateur de la Peinture, par le brillant qu'il y a répandu, la facilité de l'exécution, la fermeté & l'esprit de la touche.

135 Deux Paysages peints sur bois par *Husmans de Malines*, de douze pouces de haut sur huit & demi de large, dans des bordures dorées.

136 Un autre Paysage Hollandois très-fin, peint sur bois par *Ruysdal*, de douze pouces de haut sur quinze de large, dans une bordure de bois sculpté & doré.

137 Un joli Paysage peint sur bois par *Teniers*. Il a été gravé par M. *Le Bas*, sous l'Inscription de, *l'Arc-en-Ciel*. Il porte quatorze pouces de large sur neuf pouces & demi de haut, avec une bordure dorée.

138 Deux magnifiques Paysages peints sur toile par *Claude le Lorrain*, dont l'un représente une Marine ornée de beaucoup de Figures, avec un Soleil couchant; & l'autre un Paysage & un Soleil levant. Les bordures sont de bois sculpté & doré. Ils portent chacun trente-six pouces de large sur vingt-sept pouces & demi de haut.

Ces

Ces deux morceaux recommandables, font du meilleur tems de ce Peintre, & très-purs; ce qui n'est pas ordinaire à ces Tableaux. Ils font chauds & remplis de cette belle vapeur aerienne que *le Claude* feul a fçu rendre avec tant de naturel. Leur forme eft agréable & propre à trouver place dans tous les Cabinets, n'étant ni trop grands ni trop petits. Jamais Tableaux de ce Maître n'ont été mieux choifis pour être pendans; puifque l'un répréfente la fraîcheur du matin, & l'autre la chaleur du foir : Il paroît même qu'ils n'ont point été défunis depuis qu'ils ont été faits.

139 Un Tableau peint fur bois par *Tilbor*, dont le fujet eft fort amufant. Il répréfente une famille de Payfans dans une Cuifine garnie de differens légumes & attirails ordinaires à ce lieu. Il porte vingt-deux pouces de haut fur trente-cinq de large. Sa bordure eft ancienne.

Il y a dans ce Tableau des parties admirables, qui font dignes de la légereté & de la vérité du Pinceau de *Teniers*.

140 Deux Têtes, dont l'une eft le Portrait de *Rimbrant*, peint fur bois par lui-même, & l'autre eft peinte auffi fur bois par *Lanfranc*. Elles portent onze pouces & demi de haut fur neuf de large ; les bordures font de bois uni doré, avec des filets fculptez.   48 5

141 Un très-beau Tableau peint fur bois par *Vander Heydre*, de vingt – fix pouces de large fur dix-huit de haut, répréfentant la vuë d'unChâteau orné de belle Architecture, avec plufieurs figures peintes par *Adrien Vande-Velde*. La bordure eft très - proprement fculptée & dorée.   453

Ce Maître eft fort eftimé en Hollande, fa maniere eft précife & finie, & fon Pinceau eft extrêmement brillant. Ses Tableaux font très-recherchez & très-rares en Hollande ; on en connoît très-peu à Paris. Celui-ci eft un des

plus

plus beaux, des plus clairs & des plus agréables que ce Peintre ait fait.

98 *19* 142 Un Paysage peint sur bois par *Ruysdal*, de vingt-cinq pouces & demi de large sur dix-huit de haut, dans une bordure de bois sculpté & doré.

72 *1* 143 Un Sujet agréable, très-fini, & peint par *Raoulx*; il représente une Nymphe avec un Satyre dans un bois, il porte dix-sept pouces de haut sur quatorze de large: sa bordure est dorée.

450 144 Un très-beau Tableau peint sur toile par *Michel Ange des Batailles*, de son meilleur tems, & aussi beau que *du Fœti*, à qui plusieurs le veulent donner; il est clair & brillant, ce qui n'est pas ordinaire aux ouvrages de ce Maître, & l'on n'en connoît point de superieur à celui-ci; il porte dix-huit pouces de haut sur seize de large; il représente un Paysage dans lequel se trouve une famille de Paysans avec plusieurs animaux: il est renfermé dans une bordure ancienne sculptée & dorée.

41 *7* 145 Deux petits Tableaux de huit pouces de haut su onze de large, tous deux peints par *Kalf*, & représentant des
Cuisines

Cuisines avec leurs uftenciles ; ils font
dans des anciennes bordures de bois
doré.

146 Un fort beau Tableau peint fur bois   451
par *Wau-Wermens*, de fon bon tems ;
il porte onze pouces de haut fur treize
pouces & demi de large , dans une
ancienne bordure proprement fculptée & dorée : il repréfente un Payfage
garni de plufieurs Figures & Chevaux.

147 Un Payfage garni de petites Figures   200   3
de même grandeur que le précédent ,
& peint aufli par *Wau-Wermens* ,
dans une bordure ancienne de bois
fculpté & doré. Ce Tableau repréfente une grande étenduë de pays ;
le goût en eft pittorefque, & la touche fpirituelle.

148 Un très-joli Payfage peint fur bois   221   10
par *Berghem* ; il porte quatorze pou-
ces de haut fur onze de large , il eft
vigoureux en couleur , & orné de
plufieurs Figures & Animaux. Sa
bordure eft de bois fculpté & doré.

149 Un Saint François peint fur toile   9
par *Antoine Watteau*, de douze pouces de haut fur neuf pouces de large,
avec une bordure ancienne dorée.

150 Un beau petit Tableau peint fur toile   43
par *Phillipes Laur* ; il porte dix pouces

ces de large fur dix-huit de haut, &
repréfente la Priere de N. S. au Jardin des Olives ; fa bordure eft de bois
uni doré.

220   151 Le Château de *Teniers* , peint fur
bois par lui-même ; on y voit plufieurs Payfans occupez à en nettoyer
les foffés. Ce Tableau porte neuf pouces & demi de large fur fept pouces
& demi de haut ; fa bordure eft proprement fculptée & dorée, il eft fin
& piquant. Nous en avons une Eftampe gravée par M. *Le Bas* fous
cette infcription : *Le Château de
Teniers.*

40   152 Un Tableau peint fur bois par *Van
Vliet*, éleve de *Rimbrant* ; il a onze
pouces & demi de haut fur neuf de
large, & repréfente un Vieillard affis dans un fauteuil , qui fe fait les
ongles auprès d'une cheminée : la
bordure eft ancienne.

40 2   153 Un petit Tableau rond , de fept pouces de diametre , dont la compofition
eft très-gracieufe : il eft peint fur bois
par *Vander Kabel*, de fon bon tems ;
il repréfente un Satyre qui careffe
une Nimphe , fa bordure eft quarrée ,
& de bois fculpté & doré.

32   154 Un joli petit Tableau peint fur bois
par *Affelin* , dans le goût du *Claude
le*

le *Lorrain* ; il repréſente un Couchant de Soleil avec Payſage , dans
lequel il y a pluſieurs animaux qui
traverſent une riviere. Ce morceau
a de la fineſſe & de la chaleur : ſa
bordure eſt de bois ſculpté & doré.

155 Un autre petit Payſage rond de ſept   105
pouces de diamatre , orné de Ruines ,
& peint ſur bois par *Corneille Po-*
limburgh ; il eſt renfermé dans une
bordure quarrée , proprement ſculptée & dorée.

156 Deux Tableaux peints ſur toile par   80
Nicolas Lancret , de treize pouces de
haut ſur dix de large , dont l'un repréſente pluſieurs Voleurs qui dé-
pouillent un Voyageur , & l'autre eſt
un Sujet galant. Les bordures ſont
proprement ſculptées & dorées.

157 Un très-beau Tableau peint ſur toile   200 5
par le *Bourdon* ; il repréſente Tobie
qui fait enſevelir les Morts ; il porte
vingt-trois pouces de haut ſur trente
de large : il eſt dans une bordure anciennement ſculptée & dorée.

158 Une *Bambochade* , très-vigoureuſe-   168 10
ment peinte ſur toile par le même
Bourdon ; il porte vingt-deux pouces de large ſur dix-ſept & demi de
haut : ſa bordure eſt proprement
ſculptée & dorée.

159 Un

75 **159** Un autre grand Tableau peint sur toile par le même *Bourdon*. Le Sujet est Saint Paul dans l'Isle de Malte, qui après un naufrage, préserve cette Isle des Serpens qui la ravageoient ; il porte trente-trois pouces & demi de large sur vingt-six pouces & demi de haut, dans une ancienne bordure dorée.

72 18 **160** Un très-beau Paysage peint sur toile par *Ruysdal*, dans lequel il y a quelques Figures peintes par *Wau-Wermens* ; il porte vingt-cinq pouces de large sur dix-neuf & demi de haut : sa bordure est de bois noirci.

26 6 **161** Un autre Tableau peint sur bois dans le goût d'*Ostade*, de vingt-un pouces de large sur quinze & demi de haut. Sa bordure est proprement sculptée & dorée : il représente une Forge à laquelle plusieurs ouvriers travaillent.

34 5 **162** Un Enfant qui joue avec des Oyseaux, peint sur toile par M. *Boulogne l'aîné* ; il a vingt pouces de haut sur dix-sept de large : sa bordure est proprement dorée.

220 10 **163** Un joli Tableau très-fini & peint sur bois par *Vander Heydre*, qui représente un Monastere à la Flamande, placé dans un Paysage orné de
plusieurs

plufieurs Figures peintes par *Vande-Velde* ; il eft clair & agréable , il porte vingt-deux pouces de large fur dix-fept de haut , & eft renfer-mé dans une bordure proprement fculptée & dorée.

164 Un joli petit Tableau peint fur bois   8 0 10
par *Ruyfdal* , de treize pouces de haut fur feize de large ; il repréfente une danfe de Payfans dans la campa-gne , vis-à-vis une grange : la bordure eft de bois fculpté & doré.

Ce Tableau eft du meilleur tems de ce Maître , il eft très-piquant & vif en couleur : les Fi-gures font peintes dans le goût d'*Adrien Van-Oftade* , & il y a un très-bel effet de lu-miere.

165 Un Sacrifice au Dieu Pan , peint fur   10 .. 6
toile par un Eleve de *Benedete* , de quarante-fept pouces de large fur trente-fept de haut : il n'a point de bordure.

166 Une * Eftaminée très-bien peinte   5 4

---

* L'Eftaminée eft un Lieu dans la Flandres, où l'on fe raffemble l'après-dîné pour fe réjouir, boire & fumer ; ce qui répond à nos Cabarets.

sur toile par *Both d'Italie*, de quinze pouces & demi de large sur douze pouces de haut , dans une bordure proprement sculptée & dorée.

167 Un *Teniers* peint sur toile dans le goût de *Paul Veronese*, de dix-sept pouces & demi de large sur onze de haut , représentant *Cephale & Procris* : sa bordure est ancienne & dorée.

Ce Morceau est tout-à-fait dans le goût de ce Grand-Maître , tant par rapport à la force du coloris , qu'à la fermeté de la touche : ce qui prouve le mérite de *Teniers* , qui sçavoit si bien métamorphoser son pinceau , & masquer merveilleusement sa maniere.

168 Un grand Tableau peint par *Blanchard* , de trois pieds & demi de haut sur trois pieds deux pouces de large ; c'est un Vœu d'Anne d'Autriche , qui présente à la Vierge ses deux Enfans Louis XIV. & Monsieur. La bordure est ancienne & dorée.

169 Une très-belle Esquisse peinte sur bois par *Rubens* , de dix-sept pouces

de

de haut fur treize de large , dans une bordure de bois fculpté & doré ; elle repréfente un Religieux à l'Autel , qui diftribue du pain à plufieurs malades. Cette Efquiffe paroît être l'ébauche d'un plus grand Tableau que *Rubens* , (felon les apparences) aura fait pour quelque Eglife.

170 Un Tableau peint fur toile par un Maître Hollandois ; il repréfente un jeune homme qui deffine , dont l'attitude eft très-naturelle : il porte dix-neuf pouces de haut fur treize de large : fa bordure eft de bois uni doré.

171 Un joli Tableau peint fur bois par *Tilbaur* , de onze pouces & demi de haut fur huit de large , dans une ancienne bordure de bois fculpté & doré. Le Sujet eft une Payfane à table , qui boit à la fanté d'un jeune Cavalier.

172 Un petit *Both d'Italie* peint fur bois , de onze pouces & demi de haut , fur huit & demi de large , dans une bordure ancienne fculptée & dorée.

173 Un Tableau peint fur toile par M. *Chardin* repréfentant un jeune Ecolier qui joue au Toton ; il porte vingt-cinq pouces de haut fur vingt-fept & demi de large , & n'a point de bordure.

174 Un autre Tableau peint fur bois par *Pitre-Nefs* , de vingt-un pouces de large fur quinze de haut, repréfentant l'interieur d'une Eglife Flamande : fa bordure eft de bois fculpté & doré.

175 Deux petits Tableaux fins & piquans, de forme oblongue, & peints par *Parofelle* , de douze pouces de large fur neuf de haut, dont l'un repréfente un Combat, & l'autre un Payfage , avec quelques Cavaliers qui paffent au bord d'une riviere, dans des bordures de bois fculpté & doré. Ces deux Morceaux font *ragoutans* pour un amateur.

176 La répréfentation du Monaftere de Lorette, peinte fur toile par *Gafparo*, de douze pouces de large fur cinq pouces & demi de haut , dans une bordure de bois uni doré.

177 Un Payfage très-piquant peint fur carton par *Foreft* , de vingt pouces de haut fur quatorze de large, dans une ancienne bordure de bois doré.

178 Une Tabagie peinte fur bois par *Ifaac Oftade* , de treize pouces & demi de large fur onze de haut, avec une vieille bordure dorée.

179 Un Tableau peint fur bois par *Oftade*, de quatorze pouces de large fur dix pouces

pouces & demi de haut , dans une ancienne bordure de bois doré ; il repréfente une Batterie de Payfans Hollandois à coups de couteau : ce Morceau a été gravé par *Suyderoef.*

180 Un petit Tableau très-galant , peint fur toile par *Jean Miel* , de fept pouces de haut fur dix de large , repréfentant un Rendez-vous de Chaffe au pied d'un Château , où une femme fe fait botter ; c'eft un des plus piquans & des plus agréables Tableaux que *Jean Miel* ait fait ; il eft très-fini , & il n'a gueres peint de fi petits Sujets : fa bordure eft proprement fculptée & dorée.   322

181 Un joli Tableau peint fur bois par *le Chevalier de Moor* , qui repréfente une Femme qui pêche fur le bord d'un canal : il porte onze pouces & demi de haut fur quinze de large, avec une ancienne bordure de bois doré.   96   16

182 Un autre joli Tableau peint fur bois par *Nicolas Berghem* , de dix-fept pouces & demi de large fur treize de haut ; il repréfente un Payfage orné de Figures & d'Animaux ; on y voit entr'autres une Femme qui tient une jeune brebis entre fes bras , après laquelle la mere bêle : l'expreffion en   249   10

eſt naturelle & admirable. Ce morceau eſt très-fini & très-vif de couleur : il eſt renfermé dans une ancienne bordure de bois doré.

183 Un Tableau peint ſur toile en Italie par *Vander-Kabel*, de ſeize pouces de large ſur douze de haut, dans une ancienne bordure de bois doré.

184 Un autre Tableau peint ſur bois par *Bamboche*, de quatorze pouces & demi de large ſur onze pouces de haut. Il repréſente un Cavalier qui eſt à la porte d'une Hôtellerie : ſa bordure eſt auſſi ancienne & dorée.

185 Un joli Payſage très-fin, chaud & pur, peint ſur cuivre par *Herman d'Italie* ; il porte huit pouces & demi de large ſur ſix pouces & demi de haut : ſa bordure eſt de bois ſculpté & doré.

186 Un autre joli petit Payſage très-frais, de ſept pouces & demi de large ſur ſix pouces un quart de haut, peint ſur bois par *Courtois*, Eléve de *Claude le Lorrain*, dans une bordure anciennement ſculptée & dorée.

187 Un autre petit Tableau très-fini, de huit pouces & demi de haut ſur ſix pouces trois quarts de large, & peint ſur bois par *Croos*, Maître Hollandois ; il eſt dans une bordure ancienne

ancienne fculptée & dorée : il repréfente un Payfage entouré d'eau, avec
quelques Pêcheurs & un Village dans
le lointain.

188 Un Payfage peint fur toile par *Bar-*
tholomé Brehenberg ; il repréfente un
Pont fur lequel paffent plufieurs Animaux, avec quelques Blanchiffeufes
fur le bord de la riviere : il porte dix-
huit pouces de large fur treize de
haut, & n'a point de bordure.

24. *C*

189 Un joli petit Clair-de-Lune ; peint
fur bois par *Teniers*, de neuf pouces
de large fur fept pouces & demi de
haut, dans une bordure de bois uni
doré.

43

190 Deux Tableaux peints fur toile,
dont l'un repréfente une Cuifiniere
revenant de la provifion : il eft original de M. *Chardin*, & il a été gravé
par M. *L'Epicier*, fous l'Infcription
de *la Pourvoyeufe*. Le fecond Tableau
repréfente une Mere qui fait une le-
çon à fon Enfant, & qui le reprend
des fautes dans lefquelles il eft tom-
bé. Ce dernier eft une Copie re-
touchée dans plufieurs parties par
M. *Chardin* ; il a été auffi gravé par
M. *L'Epicier* ; fous l'Infcription de
la Gouvernante, & ce célebre Graveur a rendu dans ces deux Eftampes,

164

pes, comme dans les autres de son
Burin, toute l'intelligence, la finesse & le naïf que ce Peintre a
coutume d'exprimer dans ses Figures. Ces deux Morceaux sont sans
bordures ; ils portent chacun dix-
sept pouces de haut sur treize pouces
trois quarts de large.

191 Un autre Tableau peint sur toile par
M. *Chardin*, représentant un Lapin
& une Marmitte ; il est sans bordure, & porte vingt-cinq pouces de
haut sur vingt-un de large.

192 Cinq Tableaux sans bordure ; sçavoir,

    Deux Sujets de Fruits.
    Un Saint Barthelemi.
    Uu Buste.
    Une Esquisse.

193 Un Tableau de forme contournée,
peint par M. *Boucher*, de trente-deux
pouces sur vingt-quatre, sans bordure, il représente plusieurs petits
Amours.

194 Un petit Port de Mer, de neuf pouces & demi de haut sur treize & un
quart de large, peint sur toile par
Vande-Velde ; il est fin & piquant, &
n'a point de bordure. L'Estampe de
ce Tableau, gravée par M. *Le Bas*,
doit paroître incessamment.

195 Un,

195 Un autre Tableau peint ſur toile par M. *Boucher* ; il eſt ceintré dans la partie du haut, & n'a point de bordure : il repréſente Venus endormie avec un Amour qui repoſe ſur elle.

196 Deux petits Tableaux peints ſur cuivre par *Kalf*, repréſentant une Cuiſine & un Puits, avec pluſieurs uſtenciles, ils ont ſix pouces & demi de haut ſur cinq de large, & ſont renfermez dans des bordures anciennes dorées.

197 Deux autres Tableaux auſſi peints ſur cuivre par *Bortzum de Genes*, de treize pouces & demi de large ſur neuf pouces & demi de haut, ſans bordure. L'un eſt un Payſage, & l'autre une Marine.

198 Un petit Payſage peint ſur bois par *Aſſelin*, de neuf pouces & demi de haut ſur huit de large, avec une bordure en bois proprement ſculpté & non doré.

199 Un autre Tableau peint ſur bois, de neuf pouces & demi de haut ſur huit de large, repréſentant une vieille Femme qui tient un Chat ; ſa bordure eſt ſculptée & dorée.

200 Deux petits Sujets de dévotion, l'un ſur bois, & l'autre ſur toile, avec bordure de bois doré.

201 Une

17 10 201 Une Tête de jeune-Homme, peinte sur bois, de sept pouces & demi de large sur neuf pouces & demi de haut, dans une bordure de bois doré.

18 1 202 Une Grizaille peinte sur bois par *P. Wau-Wermens*, de dix-huit pouces de haut sur treize & demi de large, représentant un Hyver, avec quelques Traîneaux & Glisseurs qui sont sur la glace : sa bordure est ancienne & de bois uni doré.

48 203 Deux Paysages Hollandois peints sur bois, dont l'un est dans une bordure de bois uni doré, & l'autre est sans bordure.

6 1 204 Une Tête de Femme peinte sur bois par *De la Marre*, de neuf pouces de haut sur huit de large, avec un petit Paysage aussi peint sur bois : ces deux Tableaux ont d'anciennes bordures dorées.

13 205 Trois petits Tableaux représentans differens Sujets, & garnis de bordures dorées & noires ; avec deux Estampes coloriées.

5 11 206 Deux Portraits de grandeur de toile de huit, dont l'un est celui de feu M. *Saurin*, de l'Academie des Sciences, peint par le sieur *Hauterot*. Le second, est celui de feu M. Dufresny en Estampe coloriée. 207

207 Deux jolies Miniatures peintes par *Bernard*, dont l'une repréſente un Hyver, & l'autre un Payſage, toutes deux montées dans des bordures noires ſous des verres blancs : ce Maître excelloit en ce genre.   48

208 Deux Tableaux de Dévotion.   15 - 1

209 Deux autres petits Tableaux, dont l'un peint en Miniature, repréſente une Magdelaine ; & l'autre peint en huile ſur cuivre par *Van Keſſel*, repréſente des Coquillages & des Inſectes.   21

† 209 Trois beaux Portraits en cire, qui ſont, le Portrait de Charles IX. Roy de France ; celui de Marie de Medicis, femme de Henry IV. auſſi Roy de France ; & celui de Henriette de France leur fille, Reine d'Angleterre.   18

210 un Tab de teniere repreſentant

le temps   40 18

BRONZES,

25905 5

BRONZES, MARBRES,

Ivoires, Terres cuites, & autres Ouvrages de Sculpture, avec quelques autres Morceaux particuliers.

BRONZES

Monsieur de la Roque ne ressentoit pas moins les beautés de l'Art de la Sculpture, que celles de la Peinture ; il nous en a souvent fourni des preuves, en nous instruisant, dans plusieurs Morceaux détachez & répandus dans ses Mercures, du mérite de ces célebres Artistes qui se distinguent en ce génre, par l'élegance, la finesse, les graces, la noblesse & les tours heureux qu'ils sçavent donner à leurs Figures : il en a toujours parlé en termes plus familliers à un véritable connoisseur

noiſſeur qu'à un ſimple amateur de l'excellence de cet Art.

Si la quantité des Morceaux de Sculpture qui ſe trouvent dans ce Cabinet , n'eſt pas (quoique nombreuſe) proportionnée à celle des Tableaux , M. de la Roque n'avoit cependant pas moins d'ardeur à en acquerir ; mais gêné & reſſerré par la diſpoſition des lieux qu'il occupoit, il s'eſt trouvé forcé de mettre des bornes à ſes déſirs, & de ſe contenter de remplir les places convenables & deſtinées ordinairement pour ce genre de curioſité.

On ne doit donc point s'attendre à trouver ici de ces grands Sujets, ni de ces Groupes intéreſſans qui ne conviennent que dans de vaſtes Appartemens ; mais du moins, on y verra pluſieurs petits Morceaux de goût & de choix, qui feront ſûrement plaiſir aux Amateurs.

210 Un très-beau bas relief de bronze,

de trois pieds de long fur un pied fix pouces de haut. Il répréfente le lever du Soleil placé dans fon char attelé de quatre chevaux ; il eft precedé du crépufcule ; du point du jour & de l'aurore, & fuivi des Saifons. Ce morceau eft parfaitement bien exécuté & bien reparé. Il eft renfermé dans une bordure proprement fculptée & dorée.

211 Un autre très-beau Bronze auffi parfaitement réparé. Il eft monté fur un pied de bois noir, orné d'agrafes & de grifes de Bronze. Il répréfente un jeune homme nud & affis, examinant quelque chofe qu'il tient dans fa main, & porte dix-neuf pouces & demi de haut fans le pied.

212 Un autre beau Bronze de feize pouces de haut, répréfentant l'enlevement de Dejanire par Neffus, monté fur un pied noir contourné & orné de Bronzes en couleur.

213 Deux petits Enfans exécutez en bronze, de dix pouces & demi de haut, dont l'un jouë du Tambourin, & l'autre de la Flûte. Ils font montez fur des pieds de bois.

214 Deux autres Bronzes répréfentant l'un une Veftale & l'autre un Philofophe. Il ont neuf pouces de haut,
&c.

& font montez fur des pieds de bois
noir à filets de cuivre.

215 Deux petits Sujets de Bacchanales
exécutez en bronze, à trois figures
chacun, & montez fur des pieds de
marquetterie de forme octogone. 73 10

216 Deux autres petits Bronzes, dont
l'un répréfente une Figure qui tire
une épée de fon foureau. Ils font
montez tous deux fur des pieds de
marquetterie de forme octogone. 39

217 Deux Chiens exécutez en bronze, &
montez fur des pieds quarrés de bois
noir. 32 10

218 Une autre Bronze répréfentant une
Venus fortant du bain, montée fur
un pied quarré de marquetterie garni
d'agrafes auffi de bronze. Il eft très-
bien réparé & très-fini. 102 15

219 Deux autres Bronzes dont l'un répréfente un Portefaix, & l'autre une
Fileufe, fur des pieds de bois noir. 24 1

220 Deux autres petits Bronzes répréfentant des Eléphans qui portent des
vafes. Ils font de la Chine, & n'ont
point de pieds. 49 5

221 Un autre beàu Bronze répréfentant
un Bufte de femme. Les yeux font
d'argent. Il eft monté fur un pied de
cuivre rond. 80

G ij　　222 Une

30   222 Une Lampe de bronze, d'une forme finguliere & fans pied.

30   223 Une autre Lampe, auffi d'une forme très-figuliere, & montée fur un pied.

20 . 5   224 Un joli Bufte d'Enfant, de bronze doré d'or moulu, & monté auffi fur un pied de bronze.

21   225 Un Bronze répréfentant un petit Magot da la Chine, accroupi & riant, monté fur un pied de bois noir, à filets de cuivre.

25 . 5   226 Un petit Bronze répréfentant le Bufte d'unChrift, très-bien reparé, & monté fur un pied, auffi de bronze.

40   227 Le Portrait en Bronze de Paul II. Duc de Bracciano, monté auffi fur un pied de bronze, orné de quatre Efclaves.

55   228 Deux autres petits Bronzes dont l'un eft un Payfan, & l'autre une Laitiere. Ils font tous deux montez fur des pieds de bois noir.

15   229 Un autre petit Bronze très-fini & bien reparé, répréfentant un Amour qui tient une branche de Laurier. Il eft monté fur un pied de bois noir, rond.

73   230 Trois Lampes antiques & fingulieres, montées fur des pieds de bois, ronds.

31 . 5   231 Deux autres jolies petites Lampes
de

de Bronze, qui étant fermées répréfentent la tête d'un oifeau monftrueux, & dont le couvercle étant ouvert, répréfente en dedans un mafque de caractere. Elles font montées fur des pieds de cuivre, ronds.

232 Un grand Bronze répréfentant l'Ecorché, d'après *Michel Ange*, monté fur un pied de bois noir.

233 Une Tête de Philofophe montée fur un pied de bois noir.

234 Trois autres Bronzes, fçavoir : Deux Buftes & un Endimion, montez tous trois fur des pieds de bois noir.

235 Un petit Lion, le Bufte d'un enfant qui pleure, quatre petits Efclaves, un fourniment & le bout d'un petit pied très-fini ; le tout de bronze.

236 Deux Médaillons de bronze, dont l'un eft le Portrait d'Henri IV. & l'autre le Portrait du Duc de Mantoue, par *du Pré*.

237 Deux beaux Bronzes Italiens, répréfentant des Chaffeurs de nuit, ayant une raquette d'une main, & une lanterne fourde de l'autre. Les têtes, les mains, les raquettes & les lanternes de ces Bronzes font d'argent, & le refte eft de bronze doré d'or moulu, ainfi que leurs pieds qui font

à contours. Les têtes en font très-
bien caractérifées.

27 15 238 Une Garniture de cinq Bronzes Chi-
24 2 nois, compofée de quatre petits vafes & d'une jolie petite Pagode. Ils
font montez fur des pieds de bois
des Indes.

34 1 239 Une autre Garniture de cinq Bronzes
Chinois, compofée de cinq vafes de
differente forme, montez auffi fur
des pieds de bois des Indes.

45 240 Un autre joli Bronze Chinois, répréfentant un petit Magot affis fur une
efpece de Bufle, & monté pareillement fur un pied de bois de la Chine.

60 5 240 Quatre jolies Confoles de bronze.

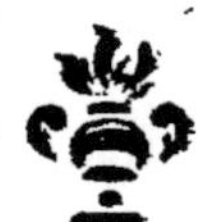

1914 09

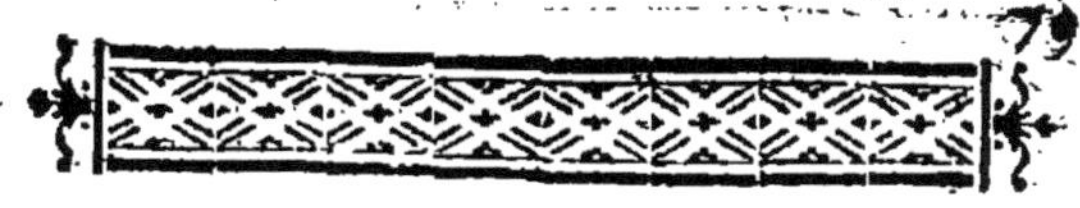

FIGURES DE MARBRE,
Terres cuites, &c.

241 DEux belles Figures en pied, de marbre blanc, d'ont l'une répréfente un Mars, & l'autre une Flore, de deux pieds de haut. Elles font placées fur des efcabelons de marbre, de quatre pieds un pouce de haut.   302-5

242 Un très-beau Bufte antique qui répréfente la Déeffe Yfis, dont la tête eft de pierre de touche & l'habillement de marbre appellé Brocatelle d'Egypte. Il eft monté auffi fur un pied de Marbre. Ce morceau eft recommandable pour les Antiquaires.   170-5

243 Deux jolis Sujets dont l'un, qui eft de marbre blanc, répréfente un jeune Amphion placé fur un Dauphin. Il eft exécuté par feu M. *Bouffeau* de l'Académie Royale de Peinture & de Sculpture ; l'autre eft de terre cuite & fait par M. *Adam l'aîné* de la même Académie. Il répréfente une petite fille couchée fur un Cigne. Ils font placez tous les deux fur des   351

pieds

pieds de bois noir, garnis de bronze, & feront vendus enfemble, ou féparément au gré des Encherisfeurs.

Jacques Bousfeau étoit de la Province de Poitou. Il naquit en 1681. Arrivé à Paris, fon inclination le détermina à embrasfer l'art de la Sculpture. Il fut placé chez le fieur *Coustoux l'aîné*, où il puifa d'heureux principes, & l'amour qu'il avoit pour cette Profesfion qu'il avoit choifie, fit qu'il ne tarda pas à fe diftinguer entre les Eleves de cet habile homme. Il fut reçu Membre de l'Académie Royale de Peinture & de Sculpture, dans laquelle fon mérite l'éleva au grade de Profesfeur & de Penfionnaire. Sa réputation lui procura l'honneur d'être demandé au Roi en 1737. par Sa Majefté Catholique, pour fuccéder au célebre Monfieur *Fremin*, en qualité de fon Sculpteur en chef. Il ne joüit pas long-tems de cet avantage, étant mort dans la Ville de Madrid.

drid en 1740. indépendamment des talens de sa Profession qu'il exerça supérieurement, il possedoit toutes les vertus nécessaires à la bonne societé.

244 Deux autres jolis morceaux de Terre cuite, exécutez par M. *le Moine le fils*, dont l'un répréfente une Diane & l'autre une Baigneufe ; ce dernier eft l'original d'après lequel il a exécuté en marbre fon morceau de réception pour l'Academie. Ils font tous deux montez fur des pieds de bois noir. 170 1

245 Deux Buftes d'Empereurs, l'un de marbre blanc & l'autre d'albatre, tous deux montez fur des pieds de bois. 21 3

246 Un Bufte d'ancien marbre, répréfentant la tête de la *Venus de Medicis*. Il eft monté fur un pied à Pans, auffi de marbre. 40 5

247 La Tête d'un jeune enfant, exécutée en marbre blanc par feu M. *Bouffeau*, & montée fur un pied quarré de marbre. 48 15

248 Deux autres jolis petits Buftes d'enfans, montez fur des pieds quarrés de marbre noir. 72 1

249 Un

120   249 Un autre beau Buſte de marbre blanc, répréſentant la tête d'une Diane. Il eſt monté ſur un pied de marbre verd antique.

62   250 Deux autres Têtes d'enfans ſur leurs pieds, le tout de marbre blanc.

80 . 5   251 Deux autres plus petites Têtes d'enfans, auſſi de marbre, aïnſi que leurs pieds.

36 . 12   252 Une très-belle Table de marbre ſaracolin, de quarante-deux pouces ſur vingt-deux. Elle eſt quarrée & montée ſur un pied de même forme, de bois ſculpté & doré.

61   253 Trois autres petites Tables de marbre, avec pieds à conſole de bois ſculpté & doré, dont deux ſont de marbre d'Antin, & l'autre de marbre verd d'Egypte.

47   4

32   1

310 . 10   254 Une autre magnifique Table de marbre verd d'Egypte, de cinquante-huit pouces ſur vingt-ſix, de forme contournée, & montée ſur un très-beau pied à conſole de bois ſculpté & doré.

38 . 12   255 Une autre belle Table de marbre appellé Gruote, de quarante poucés ſur dix-huit, ſur ſon pied à conſole de bois ſculpté & doré.

36 . 5   256 Huit morceaux de Terre cuite, tant Figures que Buſtes & Animaux.

* 256

*256 Deux Sujets exécutez en terre cuite, dont l'un réprésente Loth & ses filles, & l'autre Pan & Sirinx.   42

Plus, un Pied de bronze, soutenu par quatre Griffons.

257 Trois petits Morceaux sculptez en bois, sçavoir : Deux *Charges* & une Pagode.   17

258 Deux jolies petites Figures sculptées en yvoire, réprésentant des Amours.   19

259 Un Groupe de deux petits Amours sculptez en yvoire, avec deux autres petits enfans sculptez en bois.   30   1

260 Cinq petits Bustes, dont deux en bois réprésentent S. Pierre & S. Paul, & les trois autres sont modelez en cire.   30   1

261 Quatre bas Reliefs d'yvoire, réprésentant les quatre Saisons. Ils sont renfermez dans des bordures de cuivre.

262 Trois autres jolis bas Reliefs en yvoire, dont l'un réprésente Cléopatre couchée, & les deux autres sont des Bachanales d'enfans. Tous trois renfermez dans des bordures de bois noir.   58

263 Un Benitier de bois très-proprement sculpté & doré.   6   12

264 Un Ovale de quinze pouces de haut sur douze & demi de large, trèsbien sculpté, & réprésentant la Visitation   8   5

tation de la Vierge. Il est renfermé dans une bordure de bois de Sainte Lucie, aussi très-bien sculpté.

* 264 Le Laocoon modelé en cire, d'après l'antique, par *Anguieres* célebre Sculpteur. Ce morceau est extrêmement beau, il porte deux pieds de haut sur environ dix-huit pouces de large, & il est renfermé dans une boëte ouvrante de trois côtez & sur le dessus.

Un parfaitement beau Christ d'yvoire d'une seule piece, monté sur une Croix de bois de Palissandre placée sur un fond de velours noir ; le tout renfermé dans une bordure de bois doré & sculpté, avec un groupe de deux têtes de Cherubins qui lui servent d'agrafe. Ce Crucifix porte dix-sept pouces & demi de haut, depuis l'extrêmité des pieds jusques au bout des doigts des mains. Il est très-bien sculpté, & l'on en trouve très-difficilement de cette grandeur en un seul morceau d'yvoire.

PORCELAINES.

PORCELAINES.

LA Porcelaine n'eſt pas une partie de curioſité qui ſe trouve ſi communément & en ſi grand nombre dans les Cabinets des Curieux, que les Tableaux, les Deſſeins, les Eſtampes, les morceaux d'Hiſtoire naturelle, &c. A l'égard de la Porcelaine, il ſemble que depuis que celle de Saxe a pris faveur en France, l'ancienne n'a pas été recherchée avec tant d'ardeur qu'auparavant. On ne peut pas diſconvenir que la Porcelaine de Saxe ne ſoit ſéduiſante à l'œil par la beauté du deſſein, le choix des ſujets, l'agrément des formes, la légereté dans l'exécution de certains morceaux, & le brillant de ſes couleurs. Cependant, malgré tous ces avantages, elle n'eſt regardée par les vrais Connoiſſeurs

H que

que comme du faux en ce genre,
& de foibles copies, en comparaison de l'ancienne. Le brillant
féduifant des couleurs, eft une des
parties qui leur plaît le moins,
comme étant totalement oppofé
à ce bel accord & à cette douce
union qui fe trouvent fur-tout
dans celle du Japon, & qui, felon eux, en font un des princi-
paux mérites. Pour la matiere dont
font formées ces differentes Porcelaines, il eft conftant que celle
de Saxe participe d'une nature de
verre, aigre & feche qui en rend
l'ufage très-rifquable, au-lieu que
celle de la Chine & du Japon eft
beaucoup plus grenuë, & que la
pâte en eft mieux faite, plus fo-
lide, & par conféquent d'un bien
meilleur fervice. Nous avons cependant encore quelques Curieux
qui connoiffent le mérite & la rareté de cette ancienne Porcelaine,
& s'il fe trouvoit un plus grand
nombre de ces Curieux, certains
morceaux

morceaux feroient ici d'un prix exceſſif, comme ils le ſont en Hollande, où les Amateurs ſont ordinairement plus conſtans dans ce qui fait l'objet de leurs recherches. Il eſt vrai que l'amour que les Hollandois ont pour la Porcelaine eſt ſi générale, qu'il n'y a point de ſimple Particulier qui n'ait une armoire deſtinée pour la placer. Celle qui eſt d'ancien bleu & blanc y eſt ſur-tout très-eſtimée & fort chere.

265 Deux Theyeres à fond blanc & fleurs rouges, d'une forme ſinguliere.   18
     Deux Mortiers de Porcelaine blanche.

266 Un Pot à l'eau de Porcelaine blanche, avec une grande Taſſe, le tout garni en argent.   29 5

267 Six morceaux de Porcelaine, dont entr'autres quatre Burettes de forme ſinguliere.   18

268 Vingt Piéces, la plûpart d'ancienne Porcelaine, tant en bouteilles, taſſes que Urnes, vaſes, &c. dont quelques-unes ſont garnies de bronze.   26   12 1   7 1

269 Quarante autres petits morceaux,   29 10

la plûpart d'ancienne Porcelaine, qui
seront détaillez en differens lots. Ils
consistent en Tasses, Theyeres & autres Vases, parmi lesquels il y en a
d'une forme très-particuliere.

30   270 Trois jolis Vases de Porcelaine, de
differente forme & grandeur, & garnis
en bronze.

40   271 Une grande Bouteille d'ancienne Porcelaine, & un sceau couvert, bleu &
blanc, tous deux garnis de bronze.

25 5   272 Trois autres Vases singuliers, aussi
garnis en bronze.

54   273 Deux petites Bouteilles de Porcelaine
bleuë, garnies de bronzes dorez d'or
moulu.

      Un Vase d'ancienne Porcelaine
blanche, aussi garni en bronze.

85 1   274 Une Garniture de cinq morceaux
d'ancien bleu & blanc, dont quatre
sont garnis de bronze doré d'or moulu.

118   275 Cinq autres morceaux de même Porcelaine, & garnis pareillement.

31 15   276 Cinq autres, *idem.*

300   277 Une autre jolie Garniture composée
de cinq morceaux d'ancienne Porcelaine de forme singuliere, tous garnis très-proprement en bronzes dorez
d'or moulu.

50   278 Quatre belles grandes Bouteilles de
Porcelaine dont une est endommagée.

                              279 Six

279 Six autres grandes Bouteilles, dont quatre font à fond blanc & fleurs bleuës.

Deux grands Rouleaux auffi à fond blanc & fleurs bleuës, dont un eft endommagé.

280 Deux Chiens de Porcelaine, d'une couleur finguliere.

281 Deux Coqs de Porcelaine blanche.

282 Une Garniture de fept pieces d'ancien bleu & blanc.

283 Deux grands Gobelets garnis de leurs foucoupes, avec figures & fleurs émaillées.

Deux grandes Taffes à fond blanc & fleurs bleuës.

Deux Bouteilles fingulieres.

284 Vingt-un morceaux dépareillez de Porcelaine, de differentes formes & grandeurs, tant Taffes que Vafes, Soucoupes, Rouleaux, &c

285 Trois fort belles Urnes d'ancienne Porcelaine à Pans.

286 Quatre petites Bouteilles de pareille Porcelaine à Pans, dont deux font garnies de bronzes dorez d'or moulu.

287 Deux très-belles Jattes de pareille Porcelaine à huit Pans.

288 Deux autres belles Jattes de pareille Porcelaine, de forme contournée.

289 Un Cabaret compofé de quatre beaux gobelets.

H iij

gobelets couverts, garnis de leurs foucoupes, avec une Theyere affortiffante ; le tout d'ancienne Porcelaine, & placé fur un platteau de vrai Lacq avanturiné.

153 290 Un autre Cabaret compofé de quatre belles taffes à Pans d'ancienne Porcelaine blanche, avec ornemens rouges, garnies de leurs foucoupes affortiffantes, & placées fur un platteau quarré de vrai & beau Lacq rouge.

25 291 Un autre petit Cabaret compofé d'une grande taffe d'ancien blanc à fleurs de relief, qui fert de Sucrier, & de quatre autres jolies taffes auffi à fond blanc, faites en forme de fleurs, auffi de relief & fans foucoupes ; le tout placé fur un platteau avanturiné.

19 292 Un autre Cabaret compofé d'une grande & de quatre petites taffes d'ancienne Porcelaine en bleu & blanc, & à jour, placées fur un platteau de beau & vrai Lacq rouge.

54 293 Un autre petit Cabaret de trois taffes d'ancien bleu & blanc à double fond, dont le premier eft à jour, avec un Sucrier bleu ; le tout placé fur une jolie foucoupe de vrai Lacq.

15 294 Un Encrier de Porcelaine blanche garni de bronze doré, & placé fur une foucoupe de vrai Lacq rouge.

295

295 Un Gobelet de Porcelaine craquelée, garni d'argent, & placé pareillement fur une foucoupe de vrai Lacq rouge.   25

296 Six Taſſes à fleurs de relief, de dif-ferentes formes & grandeurs, avec une foucoupe.   18

297 Deux autres Taſſes ovales, d'un beau blanc & à fleurs de relief, avec leurs foucoupes.   36

Deux autres belles Soucoupes de forme contournée, d'ancien Japon.

298 Quatre autres grandes Taſſes d'an-cienne Porcelaine, dont trois font en mofaïque à jour, avec une fou-coupe.   17

299 Deux jolis petits Mortiers à Pans, avec foucoupes; le tout d'ancienne Porcelaine.   54

300 Deux très-belles Taſſes d'ancien Ja-pon, avec pluſieurs petits bouquets de couleur en-dedans, & quelques petites plantes de relief en-dehors; & garnies de foucoupes.   80

301 Trois jolis Fruits de terre des Indes, dont entr'autres une calebaſſe qui fert de Theyere.   100

302 Un très-beau Cabaret compoſé de deux grandes Taſſes à fleurs de re-lief, garnies de Soucoupes en forme de feuilles, d'un Sucrier & d'une Theyere; le tout de Porcelaine verte,   54

&

& placé sur un platteau d'ancien Lacq
noir & or.

303 Vingt-un morceaux dépareillez, tant
Tasses, Gobelets, que Soucoupes d'ancienne Porcelaine, & entre lesquels
il y en a de très-particuliers, tant
pour les formes que pour le travail.

304 Quatre jolis Mortiers de Porcelaine.

305 Seize morceaux dépareillez d'ancienne Porcelaine, tant Jattes que Soucoupes, dont quelques-unes sont en-
dommagées.

306 Deux jolis Plats d'ancienne terre ver-
nissée & coloriée, dont l'un est avec
des ornemens à jour.

307 Un fort joli Cabaret composé de
quatre beaux petits sceaux d'ancienne
Porcelaine, avec des Soucoupes &
un Sucrier à Pans, garni de bronze
doré d'or moulu; le tout placé sur un
platteau quarré de vrai Lacq rouge.

308 Un autre aussi joli Cabaret que le
précédent, très-bien assorti, & con-
sistant en quatre Gobelets à Pans, garnis de leurs Soucoupes, une Theyere
& un platteau cannellé de vrai Lacq.

309 Un autre petit Dejeuné composé de
deux Tasses & deux Soucoupes avec
un platteau de Lacq avanturiné.

310 Quatre grands Gobelets avec Soucoupes d'ancienne Porcelaine, en
bleu & blanc.

311 Un beau petit Mortier à Pâns, d'ancienne Porcelaine.　35　1

312 Une Theyere & un Crachoir. Ce dernier morceau est de Porcelaine de Saxe.　15　11

313 Une Theyere.　30　19
　　　Deux Soucoupes en forme de feuilles.
　　　Un grand Sucrier d'ancienne Porcelaine.

314 Une autre Theyere à fond gros bleu.　24　2
　　　Un petit Rocher d'un très-beau blanc.

315 Onze Pieces tant Tasses que Gobelets, avec quatre Soucoupes d'ancienne Porcelaine ; le tout dépareillé.　9

316 Un petit Cabaret composé d'un plateau rond de vrai Lacq., d'une grande Tasse & de quatre petites, d'ancienne Porcelaine blanche avec reliefs, sans Soucoupes.　34

317 Un autre petit Cabaret composé de six autres Tasses, dont une est endommagée ; & d'un pareil platteau de Lacq rouge.　20

318 Un autre Cabaret composé de quatre petites Tasses & d'un platteau ; le tout de pierre de composition.　15　11

319 Un autre petit Cabaret pareil au précédent.　9

320

320 Quatre jolies Taſſes de Porcelaine blanche, faites en forme de fleurs.

321 Huit Jattes de Porcelaine de differentes formes & grandeurs.

Trois Theyeres de terre.

Dix-ſept autres morceaux dépareillez, tant Bouteilles que Rouleaux, &c. qui ſeront détaillez en pluſieurs lots.

322 Un joli Cabaret compoſé de quatre Taſſes, quatre Soucoupes & un Sucrier de Porcelaine bleuë & blanche; le tout garni d'argent & placé ſur un platteau quarré de Lacq.

*322 Quatre petits Vaſes ſinguliers de Porcelaine Celadon.

LACQ.

LACQ.

L E Lacq est encore une sorte
de curiosité peu connuë, &
par conséquent aussi, peu générale. Les morceaux de choix, sont
de même, extrêmement rares à
trouver, particulierement quand
ils sont anciens. Ils sont quelquefois portez à des prix qui étonnent,
même en Hollande. Il est cependant difficile d'en trouver aujourd'hui de beau & d'ancien dans
ce pays-là, par la quantité de morceaux qu'on en a tiré. J'en ai fait
l'expérience dans mon dernier
voyage, malgré toutes les recherches que je pus faire pour
m'en procurer, il me fut impossible de pouvoir en rapporter quelques Pièces satisfaisantes, & aujourd'hui le Lacq nouveau com-
mence même à ne pas y être commun ;

mun; c'eſt pourtant le Pays qui
doit en être naturellement le
mieux fourni, puiſque ce ſont les
Hollandois ſeuls qui ont le privilege de commercer avec les Japonnois ; mais j'y ai entendu dire
pluſieurs fois, que cet ancien Lacq
étoit encore plus eſtimé & plus
cher au Japon que chez eux ; qu'ils
n'y achetoient jamais ces ſortes
de morceaux, par rapport à leur
rareté & à leur cherté, & qu'ils
ne tomboient entre leurs mains
que par l'occaſion des Préſens que
faiſoient les Japonnois aux prin-
cipaux Chefs ou Négocians d'entr'eux.

On trouve quelquefois de cet
ancien Lacq, qui par ſa dureté eſt
comparable au métal, & dont la
durée eſt, pour ainſi dire, à l'é-
preuve du tems ; au lieu que le
nouveau eſt beaucoup plus tendre, moins couvert & bien plus
facile à s'écorcher. On ignore la
cauſe de cette difference. Si c'eſt
qu'ils

qu'ils ont perdu chez eux la maniere de bien préparer leur vernis; ou si, enfin, par succession.
de tems, ils ont pris moins de
soins, & qu'ils ont insensiblement
dégeneré comme il n'arrive que
trop souvent dans presque toutes
les Manufactures. Il sort encore
aujourd'hui de leurs mains, plusieurs beaux morceaux agréables
& de gout; mais ausquels man-
que cette qualité essentille de dureté & de solidité, qui en fait le
principal mérite.

323 Un Corps de dix Tiroirs de vrai Lacq   110
noir & or, dont les côtés sont gar-
nis de même Lacq. Il est monté en
forme de Commode; il porte un beau
Marbre qui lui sert de dessus, & qui
a quarante-deux pouces de large,
sur vingt-deux de profondeur.

324 Un Cabaret composé de six Tasses,   40
six Soucoupes & un grand platteau;
le tout de Lacq noir & or.

325 Un petit Dejeuné composé de deux   19 19
Tasses octogones sans Soucoupes, &
d'un petit plateau; le tout pareillement de Lacq noir & or.

I   326

18   326 Un autre petit Déjeuné de Lacq,
          composé de deux Tasses & d'un plat-
          teau contourné.

40   327 Deux Gobelets couverts, sans Sou-
          coupes.
              Deux Tasses avec Soucoupes oc-
          togones.
              Deux autres grandes Tasses revê-
          tuës d'argent en-dehors & en-dedans.

26   328 Un Cabaret composé de deux Tasses
          garnies de petit jonc en forme de pa-
          niers, avec Soucoupes octogones, &
          d'un joli platteau contourné avec
          feuilles en relief.

40   329 Quatorze petites Tablettes de Lacq
          avec Vases, Fleurs, ou Animaux in-
          crustez en Nacre & Burgau, de huit
          pouces & demi de haut sur cinq de
          large, & propres à construire de pe-
          tites Tablettes, ou autres ouvrages.

      330 Un Corps de six Tiroirs de Lacq, or-
          nez de plusieurs fleurs incrustées pa-
          reillement en Nacre.

51   331 Un Cabinet de Lacq avec Paysages
          & Animaux aussi incrustez en Nacre
          de Perle, ouvrant à deux battans
          garnis de plaques de Bronze.

65   332 Un autre joli petit Cabinet de Lacq,
          garni en-dedans de huit Tiroirs : le
          tout orné d'une belle Mosaïque in-
          crustée en Nacre de Perle dans tou-
                                              tes

tes ses parties, tant interieures qu'ex-
terieures, & monté sur un Pied de
bois noir.

333 Un autre beau petit Coffre, pareil-   36
lement ouvragé & monté aussi sur
un pied de bois noir.

334 Un joli petit Coffre d'Ecaille, orné   95
de Paysages & d'ornemens vernis
en or ; il est garni en-dehors de deux
plaques d'argent , & en – dedans de
plusieurs petits Tiroirs.

335 Quatre grands Cabinets de beau Lacq   705
noir & or, ouvrant chacun à deux
battans ; ces quatre Cabinets n'en
forment, pour ainsi-dire, que deux.
L'un de ces deux Cabinets est garni
dans sa partie superieure de dix Tiroirs de même Lacq noir & or, &
dans l'inferieur , de dix autres Tiroirs de Lacq noir sans aucun ornement. Le second Cabinet ne contient que des Tablettes , tant dans
son dessus , que dans son dessous.
Ces quatre Cabinets seront ezposez
en vente , ensemble ou séparément
au gré des Encherisseurs; ils sont ornez exterieurement de Charnieres &
Plaques de Bronze.

336 Un superbe Bahut fait en Dome,   1 40
d'ancien Lacq noir & or, parfaitement bien conservé ; il est orné au-
I ij   dehors

dehors de differens Tableaux , qui repréſentent en relief des Marines & des Payſages , garnis de jolies Figures & d'Animaux , & le dedans eſt d'une très-belle Avanturine ; il eſt monté très-proprement avec des Charnieres à plaques , des agraffes & des devantures de ſerrure , le tout d'argent. Le Pied qui le ſupporte eſt de bois très-proprement ſculpté & doré : il porte cinquante pouces de longueur ſur vingt-trois de profondeur , & vingt-deux de largeur : on ne riſque point de dire que c'eſt un des plus beaux Coffres de Lacq qui ſoient en France.

337 Sept Taſſes de Lacq rouge de differentes grandeurs & de couleurs plus ou moins foncées, entre leſquelles il y en a une qui eſt un peu endommagée.

338 Six autres Taſſes rouges d'égale & belle couleur , mais de differentes grandeurs ; il s'en trouve auſſi une parmi ces dernieres qui eſt un peu endommagée.

339 Quatre grandes Taſſes aſſorties , de Lacq noir & or , avec une cinquiéme, noire en-dehors, & rouge en-dedans, qui eſt auſſi un peu endommagée.

340 Six grandes Taſſes de beau Lacq, aſſorties de couleur & de grandeur.

341 Six

341 Six autres plus grandes & belles
     Tasses aussi de Lacq rouge & pa-
     reillement assorties en couleur &
     grandeur.   38   1

342 Trois jolies petites Soucoupes du
     plus beau Lacq rouge, dont une est
     unie, & les deux autres sont avec des
     ornemens en or.   12   1

* 342 Deux petites Tasses d'ancien Lacq
     rouge, du plus fin & du plus beau,
     avec quelques ornemens d'or répan-
     dus légerement dans les dedans : el-
     les sont de differentes grandeurs.   27

343 Un Cabaret composé de quatre peti-
     tes Tasses quarrées & doublées, & d'un
     Platteau à bandes noires & rouges.   23   2

344 Neuf autres Tasses de differentes
     formes & grandeurs, dont trois sont
     garnies de Soucoupes, & parmi les-
     quelles il y en a de singulieres &
     d'ancien Lacq.   36

345 Deux jolis Platteaux de Lacq, can-
     nellez & quarrez.   72   5

346 Une petite Boëte quarrée, faite de
     differens bois de rapport, mêlez avec
     de l'Yvoire.   22   19

     Une autre Boëte de Lacq avantu-
     rine, ornée d'un Payfage en or.

347 Cinq Boëtes de Lacq noir & or, de
     differentes formes & grandeurs, dont
     quatre sont petites, & la 5ᵉ, qui est   19   15

I iij   plus

plus grande , a la forme d'un Cœur.

2 l. 10 348 Huit Boëtes de differentes formes & grandeurs , le tout de Lacq.

48 5 349 Quatre grandes Tasses garnies de leurs Soucoupes , & un Sucrier couvert , de beau Lacq rouge & assorti.

19 350 Une Plaque de Lacq rouge , avec plusieurs autres petits Morceaux de Lacq noir , coupez.

24 351 Une grande Boëte d'ancien Lacq noir & or , en forme de double Boëte , ayant plusieurs ornemens en Mosaïque.

120 352 Une autre magnifique Boëte aussi d'ancien Lacq noir & or , & de la même forme que la précedente , ornée de Paysages & de Bâtimens en relief : elle est parfaitement conservée.

150 353 Une autre Boëte de même forme & d'un très-ancien & très-beau Lacq , ornée de Plantes , Paysages & Animaux de relief. La moitié de cette Boëte est en grosse Avanturine , & l'autre moitié imite les veines du bois : ce Morceau est un des plus beaux de ce Cabinet.

46 354 Deux grandes Boëtes rondes d'ancien Lacq noir & or , avec Paysages & Animaux.

50 7 355 Une autre plus petite Boëte ronde
de

de très-ancien & très-beau Lacq
noir & or, & fort dur.

356 Une autre Boëte de beau Lacq rouge, servant de Theyere.   10 15

357 Une autre Boëte quarrée de pareil
beau Lacq rouge, servant aussi de
Theyere, & garnie très-proprement
en argent.   30 2

358 Une autre Theyere pareille à la précedente, & garnie de même.   30 1

359 Une autre Boëte quarrée de pareil
Lacq rouge, garnie d'un couvercle.   20

360 Un joli Platteau, & deux petites
Tasses de Lacq rouge & or.   15

361 Un autre petit Platteau pareil au précedent, avec deux Tasses de differentes grandeurs, & dont le Lacq est
d'un rouge extrêmement fin.   15

362 Deux grandes Tasses rondes, de Lacq
noir & or, avec Paysages & Magots.   31

Deux jolies Soucoupes octogones, de pareil Lacq noir & or, &
ornées d'un dessein en Mosaïque.

363 Quatre Soucoupes d'un très-beau
Lacq rouge & or, de differentes
grandeurs, avec plusieurs ornemens
& figures.   24

364 Quatre autres Morceaux plus petits, aussi de Lacq rouge & or, & de
differentes sortes & grandeurs.   7 1

365 Un Déjeuné composé de deux grandes

des Tasses doublées & quatre Soucoupes : le tout de Lacq, avec Figures & Paysages incrustez en Nacre
& Burgau.

15. 1   366 Deux Boëtes quarrées, dont une
des deux s'ouvre en trois parties.

15. 1   367 Une grande & magnifique Boëte de
Lacq noir & or, dont le dessus est
orné d'Arbres & de deux grandes
Cicognes, & le dedans avanturiné &
garni aussi de Plantes ; elle porte
quinze pouces de long, douze de large, & cinq de profondeur : elle est
montée sur un Pied de bois verni, très-
proprement fait.

73. 1   368 Un Cabaret de très-beau Lacq rouge, composé d'une grande Theyere,
de quatre grandes Tasses avec Soucoupes, & d'un Platteau quarré : le
tout assorti.

80   369 Un autre Cabaret de pareil Lacq
rouge, très-bien assorti, & composé
d'une grande Theyere, de quatre
Tasses couvertes, & d'un Platteau
quarré.

48   370 Une Boëte quarrée de pareil Lacq
rouge en-dehors & en-dedans ; elle
ouvre en trois parties, & elle est
montée sur un Pied de bois noir verni, très-proprement fait.

52   371 Une autre pareille Boëte que la précédente.

cedente , & montée également sur
un Pied de bois noir verni.

372 Une Boëte quarrée en avanturine
& or.   29

Six petites Tasses sans Soucoupes ,
incrustées en Nacre de Perle.

Une petite Boëte ronde, qui ouvre
en trois parties.

373 Une Boëte quarrée d'ancien Lacq
noir & or.   23   6

374 Une autre Boëte de moyenne grandeur, d'ancien Lacq noir & or , en
forme d'Eventail , avec un petit   27   14
Platteau dans l'interieur de la Boëte.

375 Une Boëte quarrée de Lacq rouge,
sans couvercle.   9

Une Tablette aussi de Lacq rouge , montée sur un Pied de bois
noirci.

376 Une autre Boëte de pareil Lacq,
rouge en-dedans & en-dehors , &
qui ouvre en trois parties , avec un
double couvercle.   82   10

377 Une autre Boëte quarrée couverte ,
aussi de Lacq rouge en-dehors & en-
dedans , & de forme oblongue.

378 Un joli petit Coffre de bois d'Ebene ,
orné de Tableaux , d'Animaux & de   50
Fleurs : le tout de Pierres de diverses couleurs , incrustées très-proprement.

* 378 Deux petits Ecrans d'Albâtre avec plusieurs Figures Chinoises, très-proprement montez en bois des Indes.

Un joli petit Cabinet de bois d'Ebene, ouvrant à deux battans, garni de quatorze petits Tiroirs couverts de Satin blanc, avec Animaux brodez dessus en relief.

379 Deux petites Tablettes, chacune à deux Guichets de Lacq, ornées de Fleurs incrustées en Nacre & Burgau.

* 379 Deux Toilettes de Lacq noir & or, à l'usage des Dames Chinoises, garnies d'un Miroir de Métal.

Un très-joli Etuy de Lacq noir & or, avec ornemens incrustez en Nacre.

380 Un Miroir magnifique, dont la Glace a trente-neuf pouces de haut sur vingt-neuf de large, la bordure en est admirable & d'un très-bon goût. Le fond de cette bordure est d'Ecaille, avec plusieurs Fleurs incrustées en cuivre & en étaim ; elle est de plus, enrichie de petits Fleurons & autres ornemens de Bronze doré d'or moulu ; c'est un des plus beaux ouvrages qui ayent jamais été faits en ce genre. On prétend que le dessein, qui est très-élegant, en a été donné par

par feu M. *Manfard*, Architecte du
Roy : cette bordure a fept pouces de
large, & le profil en eft très-agréable.
Le Chapiteau eft affortiffant à la bordure ; il eft orné d'un beau cartouche ovale de Bronze doré d'or
moulu.

381 Une petite Table de Marqueterie en   373
forme de Bureau, de fix pieds de large , garnie d'un Tiroir fermant à
clef. Cette Table eft auffi fort belle
& d'un très-bon goût ; elle eft l'ouvrage de feu M. *Boule* le pere, dont
le mérite eft affez connu. Ce qui eft
forti de fes mains , eft encore regardé aujourd'hui par les connoiffeurs
comme des chef-d'œuvres , qui font
toujours capables de fatisfaire ceux
qui font amateurs des Morceaux
faits avec foin , avec goût & avec
folidité. Cette Table eft garnie de
chauffons , de mafques , & d'autres
ornemens dorez d'or moulu ; elle eft
parfaitement affortiffante au Miroir
précedent. Ces deux Piéces , quoique d'un goût ancien & different de
celui qui regne aujourd'hui , font dignes de tenir place chez les curieux
les plus délicats & les plus difficiles.

382 Une très-bonne Pendule qui fonne   212

les

546 7

les quarts, & marque les minutes
& les heures; elle est à Cadran d'E-
mail, & porte le nom du sieur
Godde: sa Boëte, qui est de Marqueterie, est proprement travaillée &
ornée de Bronzes en couleur.

PIERRERIES,

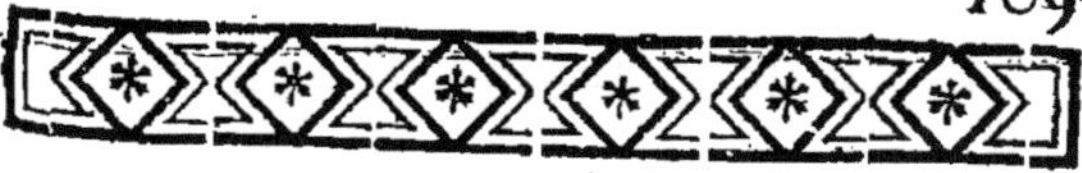

PIERRERIES, AGATES,

Pierres gravées en creux &
en relief, & autres Curiosités de ce genre, montées
& non montées.

IL seroit difficile de trouver
chez un Particulier une aussi
jolie suite de Pierres fines de couleur, comme celle dont on verra
ci-après le détail. Il est étonnant
qu'il n'y ait pas plus communément des curieux dans le goût
de former de pareils assemblages,
qui lorsqu'ils sont choisis avec autant de variété & de discernement, donnent aux yeux le spec-
tacle le plus séduisant & le plus
brillant que l'on puisse tirer des
trésors de la nature.

Ce n'est cependant point ici
une collection de Morceaux im-
menses par leur quantité, ni d'un
prix auquel on ne puisse atteindre

K   aisément,

aisément, sans être du nombre
de ceux que nous regardons ordinairement comme les favoris de
la fortune. Ce n'est donc point un
objet de curiosité aussi couteux
qu'on pourroit se l'imaginer, quand
on ne veut pas s'attacher à ces
Morceaux d'un volume rare, mais
qu'on se contente seulement du
beau & du parfait de chaque sorte, en se bornant à des formes,
qui sans être mesquines, suffisent
pour nous en faire appercevoir
toutes les beautés, car le poids & le
volume d'une Pierre n'en font pas
toujours le vrai mérite & la qualité;
c'est là, sans doute, le plan que s'étoit
formé M. de la Roque, & qui sûrement doit être regardé comme très-
capable de satisfaire un amateur.

On sçait qu'une Pierre de couleur, parfaite, est beaucoup plus
rare à trouver qu'un Diamant parfait. M. de la Roque dont le goût
pour les belles choses, étoit général, connoissoit à merveille le mérite

rité de cette partie de l'Histoire naturelle. Il suffit de prendre le coup-d'œil de ce qu'il a acquis en ce genre, pour s'appercevoir que le choix qu'il a fait, est de main de Maître. En effet, toutes ces Pierres, jusqu'aux plus petites, ont un mérite particulier & relatif à leur qualité; il en ressentoit si bien toutes les beautés, qu'il poussoit l'amour qu'il avoit pour elles, jusqu'à ne pas oser en jouir en les portant au doigt, & qu'il se privoit souvent de ce plaisir, dans l'appréhension continuelle qu'il avoit des accidens qui pourroient arriver à quelques-unes. Il se contentoit de jouir chez lui, dans ses Baguiers, de l'aimable varieté & des agrémens que lui offroient tant de riches couleurs, qu'il sçavoit artistement opposer les unes aux autres, & dont le contraste harmonieux flattoit infiniment ses yeux.

Outre ces Pierres de couleur,

on trouvera aussi dans cette suite plusieurs belles Pierres gravées, tant en creux qu'en relief ; des Agates & autres Pierres propres à l'Histoire naturelle ; quelques Portraits en Email peints par le fameux *Petitot* ; & quelques autres Morceaux qui peuvent être plutôt regardez comme des Piéces curieuses , que comme des Bijoux.

383 Une Bague composée d'un beau Diamant brillant de forme quarrée , très-épais , & d'un très-beau jeu ; elle est montée à l'Angloise , & ornée de deux autres petits Diamans placez à chaque côté du corps.

Le Diamant est la plus dure , la plus brillante, & la plus précieuse de toutes les Pierres. Trois choses le rendent estimable, son éclat, sa netteté & son eau. Pour être parfait, il doit être entierement blanc, avoir de la hauteur, du fond & une belle forme ; il ne
doit

doit s'y trouver ni taches, ni pointes, ni glaces, ni autres défauts ; il faut aussi qu'il ne soit point sourd, & qu'il ne participe d'aucunes couleurs, comme de celles du fer, de l'ardoise, pas même des plus belles, à moins qu'il ne fût tout-à-fait jaune, verd, rouge, couleur de roze ; &c. & qu'il eût, outre cela, le brillant & les autres qualités requises ; en ce cas il seroit encore plus précieux, pourvû que cette couleur fût parfaite & bien décidée. Quand cette Pierre se trouve ainsi munie de toutes ces perfections, il n'est pas aisé d'en fixer le prix.

Le Diamant exposé au Soleil, jette autant de rayons qu'il a de faces & tous de differentes couleurs, rouge, verte, jaune, bleuë, &c. Son prix courant dans le commerce, se supute ordinairement, & quand il est petit, selon son poids, qui est mesuré par des carats, qui sont chacun de quatre

K iij grains,

grains ; mais sa perfection ou ses
défauts font à ce prix une difference incomparable ; & quand il
est d'un poids au-dessus de l'ordinaire, on ne suit plus alors le prix
courant. La plus belle Mine de
Diamans se trouve à Golconde,
dans les terres du Grand Mogol,
qui en possede un , à ce que l'on
prétend, qui pese plus de deux cent
soixante-dix neuf carats. La meil-
leure taille pour le Diamant roze se fait en Hollande ; & pour
le brillant, celle d'Angleterre est
beaucoup plus réguliere , plus
nette & plus vive ; & par-conse-
quent, plus estimée.

8 3 0

384 Une Bague composée d'un très-beau
Rubis Oriental, de forme ovale , &
monté avec un Brillant de chaque
côté du corps.

Le Rubis est la Pierre qui tient
le premier rang entre les Pierres
de couleur. Il y en a de trois sortes , le Rubis Oriental qui est le
premier

premier, le plus beau, le plus dur, & celui qui est regardé comme le vrai Rubis; sa couleur naturelle est l'incarnat vif, ce qui le rend très-agréable à l'œil. Cette Pierre, quand elle est parfaite, excede souvent le prix d'un Diamant du même poids, mais elle est sujette à être glaceuse, sourde, peu nette, trop claire, &c. il s'en trouve aussi de violets, de pourpres & de cramoisis, qui sont très-estimez.

Le Rubis Balais est d'une couleur de roze pâle; selon les Naturalistes, il naît d'une matiere pierreuse de couleur de roze, qu'ils appellent Mere ou Matrice du Rubis; c'est le moindre des trois.

Le Rubis Spinelle est plus rouge que le Rubis Balais, mais cependant sa couleur est moins vive que celle du vrai Rubis, & il n'en a ni l'éclat, ni la dureté : il s'en trouve pourtant d'assez beaux pour ne pas differencier beaucoup

coup de prix avec le Rubis Oriental.

On a découvert depuis peu
une quatriéme forte de Rubis
qui vient du Brefil, & qui participe de la couleur du Rubis
Balais; on en fait ufage, & il s'en
trouve d'affez beaux : la nature
de ce dernier n'eft pas plus dure
que celle du Rubis Balais , & il
prend auffi le poli difficilement.

385 Une belle Emeraude, en forme de
Lozange, montée à l'Angloife, avec
un joli Brillant de chaque côté du
corps.

L'Emeraude eft une Pierre
fine , très - précieufe , & fort
gaye à la vûë; elle eft après le
Rubis la Pierre la plus dure; il y
en a d'Orientales & d'Occidentales ; la couleur des Orientales
eft d'un verd foncé & mâle , tirant fur le brun ; les Occidentales,
ou celles du Perou & de Cartha-
gêne , font d'un verd plus gai, ce
qui

qui les rend plus amies de l'œil, & par là, elles font fouvent préférées & auffi eftimées que celles d'Orient, quoiqu'elles n'ayent pas la même dureté. L'Emeraude eft très-fujette à des nuages qui l'obfcurciffent, & qui en ôtent totalement le jeu, alors on en fait peu de cas. Cette Pierre prend fa verdure, & mûrit dans la roche qui lui fert de matrice, comme le fruit fur l'arbre. L'opinion la plus commune, eft qu'elle prend naiffance dans le Jafpe; quelques-autres la font naître dans la prime d'Emeraude qu'ils regardent comme fa mere. Les Anciens en connoiffoient de douze fortes, mais qui nous font totalement étrangeres aujourd'hui; & ils avoient tant d'eftime pour cette Pierre, qu'il étoit défendu de rien graver deffus.

386 Une Bague compofée d'une magnifique Topaze Orientale, de forme à huit pans, & d'une parfaite couleur de Jonquille; elle eft accompagnée

gnée de deux beaux Brillans à chaque côté du corps.

La Topaze, quand elle est
Orientale, tient le troisiéme rang
après le Diamant: on en connoît
de trois sortes, celle d'Orient,
celle d'Inde, & celle de Boheme.

La vraye couleur de la Topaze
Orientale est jonquille ou citron;
elle est limpide, agréable, & elle
a l'éclat de l'or; elle doit être également colorée, plutôt satinée
que veloutée, & très-haute en
couleur, sans cependant être d'un
jaune trop outré, ni trop pâle,
verdâtre, ni couleur d'eau : la dureté de cette Pierre fait que son
poli est admirable.

La Topaze d'Inde se trouve au
Perou, & dans quelques autres
parties des Indes Occidentales;
elle est tendre, de couleur Orangée, & beaucoup moins estimée
que la précedente; elle en approche cependant assez quand elle
est parfaite.

La

La Topaze d'Allemagne ou de Boheme eſt la moins précieuſe des trois : elle eſt très-peu chargée de couleur, & ſon jaune eſt preſque toûjours noirâtre. La nature de cette Pierre eſt ſi tendre, que ſon poli eſt toujours gras & louche, ce qui la prive de l'éclat, du brillant & du jeu qu'elle devroit avoir.

Il y a auſſi une quatriéme Topaze, que l'on a découvert depuis peu dans le Breſil, & en même-tems que le Rubis dont nous avons parlé ci-devant ; cette derniere approche des autres que l'on tire auſſi des Indes occidentales

387 Un grand Saphir Oriental de formé ovale, d'une couleur parfaite & ve-loutée ; il eſt monté à l'Angloiſe avec un fort brillant de chaque côté du corps. 502 10

Le Saphir eſt une des Pierres précieuſes des plus dures ; le plus beau & le plus recherché eſt l'Oriental : il doit être d'un bleu cé-leſte, lefte, ou d'un azur excellemment beau, & d'une couleur veloutée, riche & égale, tirant un peu fur le pourpre, & fans être ni trop foncé, ni trop clair. Il faut bien prendre garde aux grains de fable, glaces, taches, nuages, & qu'il ne foit point fumeux, laitteux, de couleur fourde, calcidoineux, &c. défauts aufquels il eft affez fujet. Lorfqu'il en eft exempt, c'eft une des plus agréables Pierres qu'il y ait, & qui recrée le mieux la vûë; il eft fi dur, qu'il repouffe la lime, & qu'il eft très-difficile à graver: les plus beaux viennent du Royaume de Pegu.

La vraye couleur du Saphir blanc, qui eft auffi Oriental, eft celle qui réfulte du bleu célefte & du beau blanc clairet; quoique cette feconde efpece approche fort du Diamant, elle eft cependant beaucoup moins eftimée.

Il y a auffi un Saphir que les
Latins

Latins appellent *Oculus felis*, œil de Chat, dont les couleurs font variées, vives & admirables : fa dûreté lui fait fouffrir un poli égal à celui du vrai faphir.

Nous connoiffons encore un Saphir d'eau qui fe trouve en Si-lefie & en Boheme, & un autre qui croît au Puy en Auvergne; mais ces derniers font très-tendres & peu recherchez.

388 Une très-belle & grande Ametifte Orientale, fort épaiffe & de forme quarrée, montée avec un gros bril-lant de chaque côté du corps.

Il y a trois fortes d'Ametiftes, les Orientales, les Cartagênes ou d'Indes, & celles d'Allemagne.

L'Ametifte d'Orient a feule la dûreté effentielle pour donner aux Pierres du brillant, de l'éclat & de la vivacité. Sa couleur fem-ble être compofée du rouge & du bleu confondus enfemble, d'où il réfulte cette couleur comlom-

405   10

L   bine

bine ou ce violet qui fait tant de plaisir : il y en a qui sont presque blanches, mais elles n'ont pas tant de mérite que les autres.

Les Amétistes de Cartagênes ou d'Indes sont ordinairement gris-de lin, pauvres de couleur, imitant le vin clairet ; on y apperçoit quelquefois un éclat de rose à travers du pourpre ; mais presque toujours elles sont inégales dans leurs couleurs. Elles sont aussi plus tendres que les Orientales.

Les Amétistes d'Allemagne sont teintes d'une couleur violete, mais foible ; comme elles sont extrêmement tendres & sujetes à beaucoup de défauts, on en fait peu de cas.

389 Une fort jolie Alliance composée d'un beau Diamant blanc brillant, & d'un Rubis Oriental d'une très-belle couleur.

390 Une Turquoise de vieille Roche, montée avec un Brillant, de forme quarrée longue, à chaque côté du corps.

La

La Turquoife eft la plus noble de toutes les Pierres précieufes opaques ; on n'eft pas bien d'accord fur ce qui en doit caracterifer la beauté & le prix. Les uns la veulent d'un beau bleu Turquin, les autres d'un verd un peu gris, ou d'un bleu pâle. Sa couleur ordinaire eft compofée de bleu & de verd. L'Orientale a plus de bleu que de verd, & l'Occidentale tire plus fur le verd que fur le blanc ; on eftime beaucoup celles qui font d'un verd agréable, & mêlangé avec une belle couleur de blanc de lait.

Les feules véritables Turquoifes font tranfparentes hors d'œuvre, mais montées, elles ne font que luifantes. Celles que l'on apporte de Perfe font les plus belles ; il en vient de Turquie que l'on appelle de vieille Roche, comme celles de Perfe. Les Occidentales fe trouvent en Efpagne, en Allemagne & dans le bas Languedoc. On ap-
L ij   pelle

pelle ces dernieres de la nouvelle Roche, & l'on prétend qu'en vieilliffant, elles fe paffent, verdiffent, deviennent vilaines, & enfin périffent; au-lieu que celles de l'ancienne Roche confervent toujours leurs couleurs. Il y en a qui en fortant de la mine, font blanchâtres, & qui prennent au feu un bleu Turquin affez beau. Cette Pierre eft toujours ronde ou ovale cabochon, fans être taillée.

70 10 391 Une grande Topaze du Brefil, de forme ovale, & montée avec un petit Brillant de chaque côté du corps.

207 392 Un joli Rubis violet Oriental, de forme quarrée, & monté avec un petit Brillant de chaque côté.

205 393 Un autre joli Rubis Balais, de forme quarrée, arrondie, montée à l'Angloife, avec deux petits Brillans de chaque côté du corps.

101 394 Une Bague compofée d'un Peridot, de forme quarrée, & d'un gros Brillant placé à chaque côté du corps.

Le Peridot, même Oriental, eft fort tendre; fa couleur eft d'un
verd

verd naissant, tirant sur le jaune,
& qui brille d'une couleur d'or:
il est fort agréable à la vûe.

395. Une grande & belle Hyacinthe à   190
huit Pans, montée avec un Brillant
de chaque côté du corps.

La Hyacinte a quelque rapport à la flamme du feu, par sa
couleur rouge & jaune, mais elle
est plus délavée & sans noirceur.

L'Orientale est orangée &
haute en couleur; celles qui par-
ticipent de la couleur de l'Ambre,
ne sont pas estimées; on préfere
les claires qui ont une couleur
vive.

La Hyacinte de Portugal ou
Occidentale, est plus tendre, &
tire sur le souci; elle est ordinairement mal nette & pleine de
grains, ce qui fait qu'on la taille
à facetes pour en cacher les dé-
fectuosités.

Il y a une troisiéme espece
qu'on appelle Hyacinte la belle

 qui

qui a la couleur d'écarlate ou de vermillon, tirant fur le Rubis, ou plutôt fur le Grenat; elle eſt preſque toujours chevée. Les plus belles ſont de couleur de feu : il s'en trouve quelques-unes ſafranées, & qui ne ſont point déſagréables.

396 Un grand Saphir Oriental, quarré long, d'une couleur parfaite, & monté en Bague.

397 Une grande & belle Vermeille, ou Hyacinte la belle, longue, de forme à huit pans, & montée en Bague.

La Vermeille eſt une Pierre précieuſe d'un rouge cramoiſi noirâtre & chargé, & moins agréable que le Rubis; on n'en trouve guère que de petites & ordinairement chevées, & il n'y a que les grandes qui ſoient eſtimées.

398 Un Grenat Syrien, monté en Bague, & orné d'un petit Diamant roſe de chaque côté du corps.

Le

Le Grenat ne differe presque point de la Vermeille, & souvent en France, on lui donne ce nom ; il est cabochon, d'un rouge brun, tirant sur le sang de bœuf ; il est toujours chevé, afin de lui faire mieux prendre la feuille, & lui donner un éclat approchant du Rubis. Ceux qui en quelque façon imitent la couleur de cette derniere Pierre, font les plus estimez ; on trouve quelquefois des Grenats de la couleur de l'Ametiste, de la Hyacinte, mais on les reconnoît toujours à des noirceurs qui les distinguent de ces autres Pierres. On lui donne le nom de Syrien quand il est beau.

399 Un grand Saphir Oriental de forme quarrée longue, monté en Bague. — 40

400 Une petite Croix branlante, composée de huit petits Diamants brillans, & d'une Pierre verte au milieu. Le Diamant qui est dans le bas de cette Croix est très-long, & fait en forme de Pandeloque ; il n'est point enchassé. — 210

401 Une

29 401 Une grande Topaze d'Inde, de forme
      à huit Pans, montée en Bague.

300 402 Un joli petit Rubis violet, d'une ri-
      che couleur, monté en Bague, avec
      un petit brillant de chaque côté du
      corps.

121 403 Une Bague compofée d'un beau Gre-
      nat Syrien, de forme quarrée lon-
      gue, avec un petit Diamant brillant
      placé de chaque côté du corps.

350 404 Un parfaitement beau Rubis Orien-
      tal, d'un beau violet, de forme ronde
      & entouré de petit Carat.

280 10 405 Un autre joli Rubis Oriental cra-
      moifi, de forme quarrée, entouré
      de douze petits Diamans brillans, &
      orné de plus d'un autre brillant de
      chaque côté du corps.

470 406 Une Bague très-agréable, faite en
      alliance & compofée d'un grand &
      beau Diamant brillant blanc, & d'une
      belle Emeraude, tous deux de forme
      ovale. Elle eft garnie de deux autres
      petits Diamans brillans, dont l'un eft
      placé entre ces deux pierres dans le
      haut, & l'autre dans le bas.

470 5 407 Un grand Rubis fpinelle de forme
      ovale, & monté en Bague.

249 408 Un grand & beau Grenat Syrien, de
      forme à huit Pans, monté en Bague,
      & orné d'un gros & d'un petit Dia-
      mans

mans brillans placez à chaque côté du corps.

409 Une grande Aigue Marine, de forme à huit Pans, & montée en Bague.   72 . 19 .

L'Aigue Marine est appellée Beril, quand sa couleur est forte ; il y en a d'Orientales & d'Occidentales. Les Orientales sont plus ordinairement défectueuses. Sa véritable couleur doit imiter celle de l'eau de la Mer quand elle est tranquille, pure, transparante & limpide ; d'où il résulte à la vûë un éclat composé de blanc, de bleu & de verd. Ces qualités lui ont fait donner le nom d'Aigue Marine.

410 Une Topaze de Boheme montée en Bague.   16 . 19

411 Une autre Bague composée d'une Marcassite.   24 .

Un petit Grenat à huit Pans, monté dans un Chaton, sans Anneau.

La Marcassite est un Mineral Metallique dont il y a beaucoup d'especes ; on attribue à celle-ci la la vertu de soulager les maux de tête ; c'est pourquoi on en fait usage en Bagues.

30 . 15 | 412 Un grand Perideau à huit Pans, monté en Bague.

18 | 413 Une très-grande Topaze de Boheme, aussi à huit Pans & montée de même.

53 . 10 | 414 Une Bague composée d'une vermeille de forme ovale, & en cabochon, avec une petite Opale placée à chaque côté du corps.

L'Opale est selon Boece de Boot, Auteur du parfait Joaillier, la pierre la plus précieuse & la plus belle de toutes, puisqu'elle rassemble en elle tout le brillant & l'éclat des autres pierres. On y voit effectivement le feu du Rubis, le Pourpre de l'Ametiste, le beau jaune de la Topaze, l'aimable verd de l'Emeraude, enfin toutes les couleurs de l'Iris, & je ne balancerois point à lui donner, ainsi que Boece, cette préférence. Il paroît cependant que ces couleurs ne résident pas en nature dans l'Opale,

&

& qu'elles n'y sont formées que par les reflexions de quelques couleurs principales ; puisque, si elle se casse, toutes ces belles couleurs s'évanoüissent aussi-tôt.

Il falloit que cette pierre fût autrefois dans une grande estime chez les Romains. Le même Auteur rapporte aussi dans son parfait Joallier, que Nonius Sénateur Romain aima mieux être privé de sa Patrie & de la Dignité de Sénateur, que de consentir à céder son Opale à Antoine qui la lui demanda. Il en fixe le prix, dans le même Livre, quand elle est parfaite, au double & au triple de celui du Saphir.

Cette pierre est très-peu connuë aujourd'ui. J'en attribuë la raison à la difficulté d'en pouvoir trouver de parfaites. On ne peut disconvenir que ce ne soit la plus belle chose qui soit sortie des mains de la Nature, par cet aimable assemblage de couleurs qui se trouvent

vent ainsi réunies dans cette seule pierre, & qui étonnent par leur varieté & par leur éclat. Il est extrêmement rare de les trouver parfaites quand elles sont d'une certaine grandeur.

Ce n'est cependant gueres que dans cette forme que l'on peut joüir de toutes ses beautés. J'en connois une qui est admirable & de la grandeur d'une piece de vingt-quatre sols, que M. l'Abbé Joli de Fleuri possede dans son Cabinet, avec beaucoup d'autres morceaux singuliers & uniques, tant en Dendrites ou Pierres arborisées, Onix & autres Pierres qui ont rapport à l'histoire naturelle, qu'en un Coquillier bien suivi & varié d'especes, en Desseins, en Estampes de choix & autres singularités. La vuë de cette Opale m'étonne & m'enchante toutes les fois que j'ai le plaisir de l'examiner. C'est la seule que j'aye vû de cette beauté dans tous les

les Cabinets que j'ai eu occasion de visiter. Je doute que l'on puisse facilement en trouver une semblable, & que la Nature ait jamais rien formé de plus agréable dans ce genre. L'Opale est très tendre. Il y en a de plusieurs sortes.

L'Opale Orientale qui est la plus belle, paroît d'un blanc de lait, au travers duquel on voit éclater, comme je l'ai déja dit, du rouge, du verd, du colombin, du bleu, du jaune & toutes les autres couleurs des plus belles pierres.

Dans la seconde espece d'Opale, qui est fort rare, on y voit briller, au travers d'une certaine noirceur, un feu & un éclat d'Escarboucle.

Le jaune domine dans la troisiéme espece, au travers duquel aussi, on voit diverses couleurs, mais foibles & comme éteintes.

La quatriéme est appellée fausse Opale; elle est diaphane & ressemble aux yeux de Poisson. Elle

M

croît

croît en Boheme & elle eſt fort peu eſtimée.

L'Aſterie, Pierre du Soleil, ou Giraſol, eſt encore une eſpece d'Opale. On lui donne même plus de dûreté. Expoſée au Soleil, elle en répréſente l'image. Cette pierre eſt tranſparente & reſſemble au criſtal, mais elle eſt plus dure.

415 Une Bague compoſée d'une petite Onix ovale en forme de cabochon, avec un petit Rubis oriental de chaque côté du corps.

L'Onix eſt de l'eſpece des Agates opaques. Les plus belles doivent être de trois couleurs diſtinctes, ſans mélange, & placées en pluſieurs lits les unes ſur les autres. Celui du deſſus eſt d'un gris laitteux; celui du milieu tanné ou roügeâtre, & le troiſiéme eſt d'un beau noir. Cette pierre eſt fort eſtimée & extrêmement rare à trouver belle, ſur-tout quand elle eſt d'une certaine grandeur, & que les lits de couleurs ſont bien tranchans, diſtincts & nets.

416 Une Cornaline antique & ovale très-
bien gravée & montée en Bague ; elle
est entourée de douze petits Diamans brillans, & l'anneau de la Bague est émaillé.   165

La belle Cornaline doit être
d'un rouge vif, tirant un peu sur
l'orangé, ou de couleur de chair
fraîchement coupée. Elle ne doit
avoir ni points, ni taches noires,
ni parties laiteuses ; défauts aufquels elle est sujette. On en trouve
quelquefois de blanches, mais elles
ne sont pas si estimées. Les morceaux qui ont un peu de grandeur,
sont fort rares, quand ils se trouvent de la belle couleur, & sans
ces nuages, qui l'obscurcissent ordinairement.

417 Une jolie Bague composée d'une tête   165
de Singe très-bien gravée sur une
pierre chatoyante, entourée de petit
Karat.

418 Une très-jolie Bague de fantaisie,   360
composée d'un beau Rubis violet,
oriental, de forme ovale, & ornée
de deux petits Diamans brillans jau-
                    M ij   nes,

nes, & de six autres petits Diamans brillans blancs.

372 419 Une autre jolie Bague de fantaisie, composée d'un parfaitement beau Diamant brillant, jaune & épais, de forme quarrée, accompagné de deux petits Rubis d'Orient, & de six petits Diamans brillans blancs.

189 420 Un beau Rubis Balais, de forme ovale à huit Pans, orné de deux forts Diamans brillans blancs.

197 421 Une Bague composée d'une jolie Agate arborisée, & entourée de petits brillans blancs.

24 422 Un Diamant brillant hors d'œuvre, d'un très-beau jaune & d'une forme quarrée arrondie.

57. 10 423 Une grande Opale de forme ovale arrondie, faite en cabochon, & montée en Bague.

126 10 424 Un Grenat de forme quarrée, hors d'œuvre.

Un petit Rubis d'Orient, de forme oblonge, aussi hors d'œuvre

71. 5 425 Un petit Droguier à cinq layetes, très-proprement fait en bois, & disposé pour recevoir dans des petits creux, differentes pierres fines, convenables à l'Histoire naturelle des Pierres. Il est rempli de quantité de petites pierres de cette espece, tant fines,

fines, comme Rubis, Grenats, Eme-
raudes, Opales, &c. que de plufieurs
autres factices.

426 Une Pierre antique très-bien gravée   200
en creux, fur un beau Grenat de
forme ovale, fait en cabochon, &
repréfentant une femme affife fur un
Autel antique, que quelques-uns regardent, comme une Pfiché. Cette
Pierre a été trouvée dans les Arênes
de Nifmes : elle porte le nom du
Graveur qui l'a faite, & elle eft montée en Bague, ayant fon anneau
émaillé.

427 Une Agate Blanche, fur laquelle eft   11 - 12
gravée une tête d'Empereur; elle eft
montée en Bague.

428 Une Tête de femme gravée fur Jafpe,   18   15
& montée en Bague.

429 Une autre, *idem*, fur laquelle eft gra-   16
vée une tête de Philofophe.

430 Une Bague de Cornaline, fur la-   25
quelle eft gravée une tête de femme.
Elle eft montée à l'antique.

431 Une autre Bague compofée d'une   24
Onix, fur laquelle eft gravée une
tête de Philofophe.

432 La Tête de Jupiter Serapis, gravée   24
d'après l'antique fur une Cornaline
montée en Bague.

M iij   433

60 433 Une autre Tête de femme gravée sur un Grenat monté en Bague.

81 434 La Tête d'un Faune parfaitement bien gravée sur une très-belle Cornaline montée en Bague.

Ce Morceau est du celebre M. *Barrier* des Galleries du Louvre, le *Dioscorides* de nos jours, & qui possede le talent de la gravure sur pierre si supérieurement, que ses ouvrages ont été pris plusieurs fois pour être des plus fameux Graveurs de l'Antiquité. Souvent même on n'en a été désabusé, qu'en s'appercevant de son nom qu'il avoit gravé sur le dessous de la pierre.

20 435 Une Cornaline antique, sur laquelle est gravée une Isis avec ses attributs, & montée en Bague.

73 436 Une magnifique & grande Onix des trois couleurs, de forme ovale, sur laquelle est parfaitement bien gravé en relief, le Portrait de la Reine Elizabeth. Elle est montée sur or avec une bordure émaillée & renfermée dans un étui de chagrin noir.

437

437 Un autre beau Morceau recommandable, qui repréfente fur une Onix   30
à deux couleurs, de forme ovale
arondie, un Sacrifice fait à la Déeffe
de la Paix, fur un Autel placé au bas
de fon Temple. Il eft renfermé dans
une bordure d'or.

438 Une grande Cornaline Onix de deux,   24
couleurs, & antique, de forme ovale,
& fur laquelle eft parfaitement bien
gravée en relief, la tête de Seleucus.

439 Une grande Cornaline en forme de   32 5
cabochon, montée en or, & fur laquelle eft gravée en creux la tête
d'un jeune-homme.

440 Un Sacrifice à Bacchus gravé en creux 20 2
fur une Onix montée en cuivre doré
d'or moulu.

441 Une Pallas antique gravée fur une   195 2
Sardoine Onix à deux couleurs, &
montée en or.

Le nom d'Onix fe donne communément à toutes les Agates,
Cornalines, Sardoines & autres
Pierres de cette efpece qui font de
plufieurs couleurs, & l'on dit alors
pour les caractérifer, Agathe, Onix,
Sardonix, &c.

La

La Sardoine Onix, ou Sardonix est une pierre composée de la Sardoine & de l'Onix ; elle est le plus souvent de couleur Sanguine, blanche & noire. Quand elle est privée de couleur de chair, on ne l'appelle pas Sardonix.

442 Trois Bustes très-bien gravez en creux, sur une grande Cornaline montée en vermeil.

443 Une belle Cornaline gravée en creux, par M. *Barrier* des Galleries du Louvre, & propre à être montée en Bague. Elle représente la tête de Leandre au-dessus des Eaux.

* 443 Une Sardoine très-belle & gravée en creux par le même M. *Barrier*, représentant la tête d'un jeune Faune ; elle est hors d'œuvre ainsi que la précédente.

444 Six Pierres de differentes formes, grandeurs & natures, tant Bustes que Sujets, & gravées en relief & hors d'œuvre.

445 Sept autres Pierres de differentes grandeurs, tant Cornalines qu'Onix, gravées en creux & hors d'œuvre.

446 Quatre petites Pierres propres à être montées en Bagues, gravées en creux : sçavoir,

sçavoir, un Grenat, deux Onix & une Cornaline.

Plus, une Tête de Singe gravée en relief sur une pierre chatoyante. — 214 5

447 Six jolies Agates arborisées montées en Bagues.

Quatre autres Bagues de differentes pierres gravées en creux.

Deux jolies paires de Boutons composées chacune de quatre Agates arborisées, montées en or.

448 Un Bufte d'Ambre, répréfentant une tête de femme montée sur un pied de bois noir. — 12

449 Un autre joli petit Bufte d'Agathe Onix, monté sur un petit pied-d'eftal d'Agathe d'Allemagne, & répréfentant la tête d'une jeune femme. Il peut fervir à former le manche d'un cachet. Ce Bufte eft gravé par M. *Huré*, qui réuffit parfaitement bien en ce genre. — 72 . 10

450 Une Tabatiere ovale avec un deffus & un deffous de Nacre de Perle, & des Bâtes d'argent. Elle eft ornée en-dedans d'une jolie miniature Venitienne. — 72

451 Une Tabatiere ronde, d'Ecaille parfaitement bien piquée en or par *De Vair*. — 48 5

452 Une Tabatiere d'Ecaille blonde, dont — 52

les

les taches font piquées en or & re-préfentent divers arbres & Animaux. Elle eft montée avec une gorge & une charniere d'or.

12   453 Une Tabatiere d'Ecaïlle piquée en or & à pitons auffi d'or.

     Une autre Tabatiere d'Ecaille auffi à pitons d'or & incruftée d'or.

136   454 Une Boëte contournée, de vernis du fieur *Martin*, & montée avec demies Bates, une gorge & une charniere d'or.

272   455 Une Tabatiere de forme quarrée à Pans, dont le deffus & le deffous font de pierre de Jade incrufté d'or, avec des Bates de Nacre de Perle, or-nées dans chaque milieu d'une pierre arborifée. Elle eft montée à cage, avec gorge & charniere d'or. Cette Boëte porte le nom du fieur *Ruve-chet*, Artifte diftingué en ce genre.

Le Jade eft une pierre précieu-fe, fort eftimée par rapport à fa grande dûreté. Les Turcs & les Polonnois en font un grand cas, & ils en ornent fouvent leurs fa-bres ou autres armes. Sa couleur eft verdâtre, & elle a toujours le coup

coup d'œil gras & huileux. Les
Anciens en faifoient encore beaucoup plus de cas que nous. On
trouve quelquefois des anciens Vafes faits de cette pierre, qui doivent avoir coûté un tems immenfe
à conftruire & à polir, n'y ayant
aucune pierre auffi dure à travailler.

* 455 Une autre magnifique & grande
Boëte, auffi de forme quarrée à Pans,
garnie en or, montée à cage, & portant pareillement le nom du fieur *Ra-
vechet*. Cette Boëte eft extrêmement
belle; elle eft compofée d'un deffus,
d'un deffous, & de Bâtes d'Agates
arborifées, très-bien afforties. Les
Pans qui forment des pilliers & les
Angles du deffus & du deffous, font
détachez avec des Morceaux de beau
Lapis Lazuli. Elle eft parfaitement
bien montée & digne de celui qui
l'a faite. Elle eft renfermée dans une
Boëte de chagrin noir.

456 Une petite Tabatiere de Burgau,
montée en or & propre pour femme.

457 Une autre petite Tabatiere quarrée, auffi propre pour femme, de
Nacre.

Nacre de Perle vernie en or par le
fieur *Martin*, & montée en or &
à cage.

12 . 10   458 Une Tabatiere de Nacre de Perle &
écaille, montée en argent & propre
pour la chaffe.

165 . 10   459 Une jolie petite Tabatiere ovale à
l'ufage d'une femme, compofée d'un
deffus & d'un deffous de très-belle
Cornaline, avec bates & gorge d'or.

48   460 Un petit Reliquaire d'or émaillé.

Un Flacon de criftal à bouchon
d'or.

21 . 1   461 Deux Cuillieres à caffé, d'argent,
avec de jolis manches Arabefques &
émaillez.

10 . 2   462 Un petit Cadran Solaire d'argent,
fait en Bouflole.

Une très-petite Tabatiere de vrai
Lacq noir & or, montée en argent.

3 . 16   463 Un petit Portrait en ovale, très-
bien peint à l'huile dans le gout de
Wandyck, & renfermé dans une boëte
d'écaille.

77 . 7   464 Une très-petite Montre ancienne à
double boëte d'or, dont la premiere
eft faite en filigrane. Elle eft attachée à une chaîne de métal d'Angleterre.

486   * 464 Un magnifique Pot-à-l'eau d'argent,
de fept marcs fept onces un gros,
d'un

d'un excellent gout & d'une très-
belle forme, cizelé avec une grande
propreté & du plus beau fini. Il eſt
fait par M. *Renard* célébre Artiſte,
dont le nom eſt gravé au-deſſous de
ce Pot. On peut dire avec juſtice de
ce Morceau, que l'ouvrage ſurpaſſe
de beaucoup la matiere. Il eſt renfermé dans un étui.

465 Un joli petit Cachet gravé ſur Hyacinte, monté en or émaillé, & garni
de pluſieurs petits Diamans. — 60·10

466 Une Nativité de Notre Seigneur,
peinte en émail. — 90

  Trois Portraits auſſi peints en
émail ſur or: ſçavoir, Louis XIV.
par le fameux *Petitot*, le plus excellent Peintre en émail que nous
connoiſſions; & les deux autres ſont
ceux du Cardinal Mazarin & de M.
de Louvois. — 90 · 60

467 Le Portrait de Madame de Portſ-
mouth, excellemment peint en émail
ſur or, par *Petitot*. — 96

468 Le Portrait de M. de Louvois auſſi
parfaitement bien peint en émail ſur
or, que le précédent, par le même
Petitot. — 75

469 Le Portrait de Marie-Thereſe Reine
de France, Epouſe de Louis XIV. — 90

N   égale-

également peint en email ſur or, par le même *Petitot*.

470 Deux fort jolis Baguiers de bois des Indes, montez en or.

471 Six autres Baguiers ordinaires, de differentes grandeurs.

472 Une Boëte compoſée de deux belles plaques d'Agate d'Allemagne, mon-tées en argent.

473 Une petite Boëte d'argent, gravée. Une petite Médaille auſſi d'argent. Une petite Croix cempoſée de cinq Perles fines.

474 Un Etui d'Ecaille, garni d'or.

475 Un * *Pâté* compoſé de differentes Pierres, comme Jaſpes, Agates, Criſ-taux, Jades, &c.

476 Cinquante-cinq petites Agates arbo-riſées de differentes grandeurs, par-mi leſquelles il y en a de jolies. Elles ſeront partagées à la vente en plu-ſieurs lots.

477 Treize Plaques de differentes formes

* On appelle *Pâté*, en terme de vente, un Aſſemblage de pluſieurs petits morceaux de dif-ferente nature, entre leſquels il s'en trouve quel-ques-uns d'une certaine valeur, & d'autres de peu de conſequence. Cela ſe dit auſſi d'un pa-reil Aſſemblage de petits morceaux, dont quel-ques-uns ſont un peu garnis d'or ou d'argent. &

& grandeurs, tant Agates, Lapis,
qu'autres Cailloux, & parmi lefquelles il y en a de belles & de fingulieres. Elles feront pareillement
féparées en plufieurs lots.

477 Une Cave à Tabac, faite de Marbre.
 Un Gobelet d'Agate d'Allemagne.
 Deux Chapelets de cailloux, avec
quelqu'autres Pieces de peu de con-
féquence.

478 Une petite Tabatiere ronde, faite en
forme de panier d'ozier.
 Deux autres petites Tabatieres
rondes, d'écaille blonde incruftée
d'or.

479 Huit petites Pierres antiques gravées
fur Lapis & hors d'œuvre.

480 Deux petits Tableaux en hauteur,
de pierre de Florence, & fur lefquelles font repréfentez plufieurs arbres figurez par la Nature.

481 Une grande Boëte de chagrin, de
forme quarrée longue, garnie d'argent & propre à renfermer des Pierres curieufes. Il fe trouve dans cette
Boëte plufieurs Pierres de compofition.

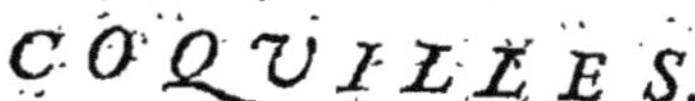

COQUILLES.

Nous ne prétendons point donner ici cette Collection de Coquilles pour une suite parfaite & exacte de toutes les especes, ni pour un Coquillier fait avec toute l'attention qu'apporte ordinairement un Curieux qui en fait l'objet principal de ses recherches.

Cette Collection peut passer néanmoins pour un choix agréable & fort bien fait, que M. de la Roque n'avoit acquise que comme un excellent échantillon de cette *Curiosité*, & seulement à dessein de satisfaire le gout général qu'il avoit pour tous les genres de *Curiosité*. Il cherchoit à se procurer les agrémens & les connoissances suffisantes de tout ce qui est capable d'amuser & d'instruire un Curieux. Il y a dans cette suite plusieurs beaux Mor-

ceaux.

ceaux capables de pouvoir enrichir & orner les Cabinets des Curieux les plus difficiles & les plus
délicats.

482 Dix-sept Coquilles de moyenne   6
    grandeur, dont entr'autres :
      Deux Figues.
      Deux petits Rubans, &c.
483 Dix-sept autres Coquilles de moyen-   7
    ne grandeur, dont en particulier :
      Une très-belle Olive de la rare
    espece à bouche rouge.
      Un Casque pavé.
      Quelques autres Casques.
      Quelques Tonnes, &c.
484 Quinze autres Coquilles, sçavoir :   16
      Deux Olives de la belle espece, à
    bandes, bien tachetées.
      Deux Nuées.
      Une autre Coquille fossile, &c.   18
485 Vingt-une jolies petites Pieces, dont :
      Trois Têtes de Becasses de diffe-
    rentes grandeurs.
      Deux Brulées.
      Un Porc-épic.
      Une petite Huitre épineuse, d'une
    belle couleur d'orange.
486 Dix jolies Coquilles, sçavoir :   15
      Un très-beau & grand Lepas ou

N iij   Bouclier

Bouclier bien tacheté, sur l'éminence
duquel il y a une espece de tête de
Soleil très-bien gravée, le Graveur
ayant profité de cette partie élevée
qui se détache en couleur noire, du
reste de cette Coquille.

Deux petites Eguilles parfaitement
conservées.

Un Nautile papiracé.

Deux Musiques d'une espece singuliere.

Deux belles Flamboyantes.

Deux Olives noires.

487 Dix-sept Coquilles, dont entr'autres :
Une Musique singuliere.

Deux Eguilles.

Un Navet.

Deux Damiers de differentes especes.

Plusieurs Olives, &c.

488 Vingt-cinq Coquilles, dont entr'autres :
Une Huitre blanche attachée à un
morceau de coral.

Un Toît Chinois.

Deux Tourterelles.

Quatre Cassandres.

Deux jolis petits Foudres.

Un Dauphin.

Quelques Olives, &c.

489 Une grande & belle Araignée, femelle. Quel-

Quelques autres Coquilles.

Plusieurs Morceaux de Corail & de Plantes pierreuses.

490 Cinq belles Coquilles, sçavoir :   31

Un Scorpion femelle, parfaitement conservé & vivement tacheté.

Un joli *Radix*.

Une grande Massue d'Hercule.

Une *Vestis Persica*. Elle n'est pas commune.

Une Tête de Bécasse.

491 Trois jolies Plantes pierreuses & très-délicates, dont entr'autres, celle que l'on appelle la Dentelle.   69

Un beau Champignon de Mer.

Un grand Oursin.

492 Treize Coquilles, dont entr'autres :   6

Une grande Ailée.

Un Crabe.

Plusieurs Porcelaines, &c.   15 . 4

493 Six Coquilles, sçavoir :

Deux beaux Oeufs.

Deux Bossues, d'une forme très-singuliere.

Une Couronne d'Ethiopie.

Une belle Trompe Marine.

494 Six autres grosses Coquilles, sçavoir :   9

Deux belles Vestes Persiennes.

Une très-belle Ailée.

Une belle Trompe Marine.

Une Porcelaine de l'espece des *Argus.*   Une

Une autre Porcelaine à peau de Serpent.

12. 10   495 Neuf Morceaux, fçavoir :

Un bel Oeuf.

Trois Aîlées, deux grandes & une petite qui eft parfaite.

Un Cafque cendré.

Deux Porcelaines de differentes efpeces.

Deux Grimaces.

14. 1   496 Onze Coquilles, dont entr'autres :

Une grande Veuve.

Un grand & beau Damier.

Un Cafque cendré.

Une Caffandre, &c.

20. 1   497 Neuf autres Coquilles, fçavoir :

Une efpece d'Aîlée vivement tachetée.

Un Cul de Lampe dépouillé.

Un Bois vené.

Deux Caffandres.

Une Veuve.

Un gros Navet.

Deux Tigres à bandes jaunes.

18   * 497 Quatre grandes & belles Coquilles, fçavoir :

Une groffe Tonne cannellée.

Un Limas terreftre à bandes coloriées.

Une Coquille finguliere qui approche de la forme d'une Couronne d'Ethiopie.

d'Ethiopie. Elle est dépouillée de sa
croûte, d'un aussi beau poli & aussi
vivement tachetée qu'une Agate.

Une espece de Prépuce colorié.
Cette derniere est fort rare de cette
grandeur, & elle se trouve difficilement aussi belle.

498 Neuf autres Coquilles, sçavoir :   25 - 13
Deux belles Thiares.
Un Fuseau particulier à cause de
sa forme tortueuse.
Une Bouche d'or.
Une Bouche d'argent.
Deux Limas cannellez & dépouil-
lez.
Une *Argus.*
Une jolie Moresque ou Turban.

499 Six Coquilles de choix, sçavoir :   25 . 10
Un Cierge ou Onix.
Un Fuseau parfaitement conservé.
Une Thiare très-vive en couleur.
Deux Limas à peau de Serpent.
Un autre Limas cannellé.

500 Un Tiroir rempli de plusieurs Co-   6 . 13
quilles univalves & bivalves, dont
plusieurs sont dépareillées.

501 Un autre Tiroir contenant trente-   16 . 12
quatre Coquilles, parmi lesquelles il
y en a de fort belles, & entr'autres
quelques petits boutons de camisole,
quelques culs de Lampe, des Chauf-
fe-

ſe-trapes, des Limas, des Eguilles, des Etoiles, &c.

12 - 4 502 Douze jolies Coquilles, ſçavoir :
Deux Nuées.
Une Couronne Imperiale.
Un Drap d'or.
Un autre Drap d'or d'une eſpece plus rare.
Une petite Thiare.
Une Flamboyante.
Trois Volutes ſingulieres.
Deux petits Boutons de Camiſole.

13 - 6 503 Dix-huit autres Coquilles, dont entr'autres :
Deux Nuées.
Deux Ecorchées.
Deux Plumes.
Quelques Draps d'or.
Deux Couronnes Impériales.
Un Damier.
Un Bouton de Camiſole, &c.

504 Dix Coquilles, dont entr'autres :
Deux Caſſandres.
Une petite Grimace.
Une petite Roſete d'Epinete ou Cadran.
Deux Boutons de Camiſole.
Deux jolies Muſiques, &c.

17 - 1 505 Dix-ſept autres Pieces, dont :
Une Muſique.
Une Caſſandre.

Un

Un Bois vené.

Un Bouton de Camifole, &c.

506 Cinq belles Coquilles bivalves, fçavoir: 26 16

Une grande Corallhoïde.

Une très-belle Tricotée.

Un Choux parfaitement tacheté.

Un Cœur de Bœu fen Arche de Noé.

Une Noix de Mer coloriée.

507 Quinze autres Coquilles, dont en-   13
tr'autres :

Une jolie Crête de Cocq.

Deux Boutons de Camifole.

Un *Conca Veneris*.

Deux Thuillées, &c.

508 Vingt-quatre autres Coquilles, pref-   22 1
que toutes bivalves, dont entr'autres :

Une Sole.

Quelques belles Ecritures Chinoi-
fes.

Quelques autres Coquilles d'une
efpéce finguliere & agréable, &c.

509 Vingt-huit autres Coquilles prefque   35 1
toutes bivalves, dont entr'autres :

Plufieurs beaux Manteaux Roïaux
très-vifs en couleur, &c.

510 Un Tiroir rempli de plufieurs Coquil-   5
les tant bivalves qu'univalves, parmi
lefquelles il y en a de belles & de
finguliéres, entr'autres :

Deux Arches de Noé.

Quelques Limas.

Quel-

Quelques Eguilles, &c.

8 1 511 Quarante petites Univalves de choix,
parmi lesquelles il y en a de singulieres.

15 3 512 Quatre-vingt dix autres petites Coquilles, *idem.*

12 12 513 Dix-huit jolies petites Coquilles très-
bien choisies, dont entr'autres :
Un Drap d'or d'une espece rare.
Un Cornet de Saint Hubert.
Une Moirée.
Plusieurs autres, d'especes singulie-
res, &c.

12 514 Une petite Mine d'argent, très-riche
en métal & presque dénuée de toute
matiere étrangere. Elle pese une once
un gros & demi.

9 11 515 Neuf jolies Coquilles, sçavoir :
Une petite Huitre épineuse.
18 Un Casque pavé ⎱
Un Casque rayé ⎰ rares.
Un Damier de la belle espece.
Une Couronne Impériale.
Une Olive à bandes.
Une autre Olive à figures triangu-
laires.
Un Limas d'une belle espece.
Une Volute singuliere.

30 516 Six Coquilles de choix, sçavoir :
Deux parfaitement beaux Cadrans,
variez en couleur.
Une

Une Unique de couleur jaune, qui est l'espece la plus rare.

Une Huitre épineuse.

Deux beaux Manteaux Royaux.

517 Neuf Morceaux d'especes differentes, 18   15
sçavoir :

Une Huitre épineuse attachée à un morceau de Rocher.

Un grand Cœur de *Venus*.

Une Veuve.

Un grand Cadran.

Une Noix de Mer.

Une Bouche d'or.

Une Figue.

Un Limas singulier.

Deux especes de Tulipes attachées à un morceau de bois des Digues de Hollande, rongé par les Vers.

518 Treize jolies Coquilles, dont entr'au-   15   19
tres :

Un *Concha Veneris*.

Une Moresque ou Turban.

Une Couronne Impériale.

Une Brunete.

Une jolie Moule dépouillée.

Un Damier de la belle espece.

Un Prepuce, rare.

Une Ailée d'une forme particu-
liere, &c.

519 Cinq Coquilles de choix, sçavoir :   37

Deux parfaitement beaux Manteaux Royaux.

Une *Vestis Persica*, très-bien rayée & sans défaut, ce qui est rare dans cette espece.

Une grande Bivalve tachetée & singuliere.

Une Huitre d'une très-belle couleur d'orange, attachée à un petit morceau de rocher.

520 Six autres belles Coquilles, sçavoir :

Un parfaitement beau Limas à peau de serpent de la plus grande espece qui soit connuë.

Deux Chauffe-Trapes.

Une belle *Argus*.

Une grande Grimace.

Une Couronne Impériale des plus vives en couleur & des mieux tachetées.

521 Six autres Coquilles de choix, sçavoir :

Deux belles Couronnes Impériales.

Deux Roties de la plus belle espece.

Un parfaitement beau & grand Toit Chinois.

Une grande Olive de la belle espece, à figures triangulaires.

522 Six autres belles Coquilles, sçavoir :
Deux

Deux Limas à peau de Serpent.
Une Grimace.
Une Caſſandre à côtes plates.
Deux Toits Chinois.

523 Six autres Coquilles, ſçavoir :   28 2
Une très-belle Muſique.
Une Arche de *Noé*, rare.
La Gaufre, auſſi rare.
Deux des plus belles Flamboyan-
tes.
Une autre Turbinite ſinguliere.

524 Trois autres belles Coquilles, ſçavoir :   26
Deux beaux & grands Manteaux
Royaux bien tachetez.
Une belle Huitre épineuſe à poin-
tes arrondies par l'extrêmité.

525 Un Groupe de trois magnifiques crê-
tes de Cocq, jointes enſemble par la
Nature : Morceau très-ſingulier &
d'une condition parfaite.   51 12

526 Trois magnifiques Coquilles, ſçavoir :   19
Une très-belle Brunete d'une gran-
deur au-deſſus de l'ordinaire.
Une grande Chauſſe-trape.
Une autre Turbinite d'une forme
très-ſinguliere.

527 Sept autres Coquilles, ſçavoir :   28
Deux Eguilles très-bien conſer-
vées.
Deux Limas à peau de Serpent.
Une tête de Becaſſe.

O ij   Une

Une Olive à figures triangulaires.
Un parfaitement beau Fuseau.

21 19 528 Six autres Morceaux, sçavoir :
Une jolie Thuillée.
Deux beaux Manteaux Royaux.
Un Jambon.
Deux Oeillets de Mer.

36 1 529 Six autres Coquilles parfaites, sçavoir :
Deux très-belles Figues bien tachetées.
Deux Limas à peau de Serpent, des plus vifs & des mieux tachetez.
Une grande Argus.
Une autre Turbinite très-singuliere.

54 1 530 Quatre autres Coquilles aussi très-parfaites, sçavoir :
Un Scorpion des plus beaux & des mieux conservez, dont la bouche est parfaitement vive.
Une grande & belle Tricottée d'un très-beau blanc.
Une jolie petite Sole.
Un petit Manteau Royal.

21 1 531 Trois grandes Coquilles extrêmement belles, sçavoir :
Un Tigre de la plus grande espece.
Une *Argus* aussi très-grande & très-bien tachetée.
Une espece de Couronne d'Ethiopie

pie appellée la Tasse de Neptune. Elle est dépouillée, & tout-à-fait semblable à une belle Agate.

532 Quatre jolis Morceaux, sçavoir :   26
    Une Huitre très-singuliere.
    Une belle Thuillée.
    Une grande & belle Ecriture Chinoise.
    Un Jambonneau garni de differentes petites pointes.

533 Six autres Coquilles, sçavoir :   27 . 14
    Un grand & beau Scorpion.
    Deux Olives à bandes, de la belle espece.
    Un Casque pavé.
    Un Oeillet de Mer.
    Une Geographique extrêmement vive en couleur.

Il est très-rare de trouver cette derniere espece d'une aussi belle condition, étant fort sujette à des taches louches qui la défigurent ordinairement.

534 Six autres Morceaux, sçavoir :   8
    Une grande Harpe ou Cassandre.
    Une Chicorée.
    Une Chausse-trape.
    Un Perroquet.

      Un

Un amas de Tulipes de Mer.

Un grand Oeillet de Mer.

Plus, plufieurs petites Coquilles d'un très-beau choix, entre lefquelles il en a d'extrêmement rares & de fort fingulieres.

185. 2 *534 Soixante-deux Cartons garnis de verres blancs & remplis de plufieurs Papillons d'une condition parfaite. Il eft très-difficile de les trouver auffi-bien confervez. Ils font prefque tous étrangers, & les noms des endroits d'où ils viennent, font très-proprement écrits derriere chaque Carton. Il y en a des plus rares, & entr'autres, le beau Miroir de la Chine, le Perroquet, la Queuë de Paon, le beau Vert du Japon, &c. Ces Cartons feront partagez à la Vente en plufieurs lots.

DESSEINS.

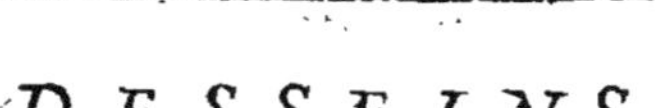

DESSEINS.

LES Desseins dont on trouvera ci-après le détail, n'ont point été choisis avec la même attention que les autres parties précédentes de *Curiosité*, quoiqu'il y en ait cependant un grand nombre d'excellens. Ayant égard à leur quantité, on pourroit souhaiter généralement plus de délicatesse dans ce choix. Aussi ne prétendons-nous pas donner cette collection, pour un Cabinet distingué en ce genre.

Peut-être cela pourroit-il détruire l'idée avantageuse du bon gout que j'ai attribué avec justice au choix de feu M. de la Roque, si je ne cherchois pas à donner ici des raisons suffisantes pour éloigner ce reproche.

Si Monsieur de la Roque n'avoit eu que le désir de se procu-

rer

rer dans cette partie, ainsi qu'il a fait dans les autres, des choses assez belles & capables de satisfaire son goût, ou ne trouveroit sûrement en Desseins, que des morceaux piquans & de choix, & ces Desseins seroient en bien plus petit nombre. Mais le projet qu'il avoit conçû de tout tems de travailler à une Histoire générale des Peintres, (comme je l'ai déja dit dans l'avertissement qui est à la tête de ce Catalogue) le mettoit dans la nécessité d'acquérir une quantité de Desseins, dans lesquels il cherchoit plus les différentes manieres de ces Maîtres, qu'il vouloit connoître, que le choix de ce qu'ils pouvoient avoir fait de plus beau. On sent à merveille que s'il n'avoit voulu acquérir que de ces morceaux rares & d'élite, qui sont ordinairement d'un gros prix, ses facultés ne lui auroient jamais permis de pouvoir se fournir de la quantité

de

de ces Desseins dont il pouvoit
avoir befoin pour exécuter fon
Projet. L'intention qu'il avoit de
placer à la tête des réflexions qu'il
vouloit faire fur chacun de ces
Maîtres, quelques-uns de leurs ouvrages, lui faifoit acheter fouvent
des lots nombreux de Desseins
qu'il avoit à des prix qui lui con-
venoient, dans l'efperance d'y
trouver quelques morceaux de
certains Maîtres, qui lui devien-
droient utiles. Il ne vouloit alors
que s'inftruire.

Cela n'a pas empêché, cependant, qu'il ne fe foit fouvent trouvé affecté de quelques beaux Des-
feins aufquels il n'a pû fe refufer.
On en trouvera plufieurs de ce
nombre en examinant les differens
Numeros qui les contiennent, &
la vûë que l'on pourra s'en procurer, en convaincra encore mieux
les Amateurs.

535 Un Paquet de Desseins de differens   10
     Maîtres, tant Payfages que Figures.

536

12 536 Cinquante autres Desseins, tant Pay-
     sages que Sujets, la plûpart Origi-
     naux de differens Maîtres.

9 1 537 Cent Desseins ou environ, la plû-
     part originaux de differens bons Maî-
     tres François.

8 538 Trente autres jolis Desseins de dif-
     ferens bons Maîtres François, com-
     me *Silveſtre, Paroſſel, Corneille, La
     Foſſe, Foreſt, Gillot, Oppenor, &c.*

9 3 539 Trente-deux autres bons Desseins,
     auſſi de differens Maîtres François,
     comme *Verdier, Le Brun, Lafage,
     Loir, Boullogne, Stella, Le Pautre,
     Corneille, Perrier, Bourdon, Cham-
     pagne, Perelle, &c.*

9 4 540 Dix-huit autres Desseins de la mê-
     me Ecole, & entr'autres, de *La
     Sueur, Blanchard, Voüet, &c.*

9 A 541 Quarante Desseins, tant de *Rim-
     brant*, que de ſon Ecole, ainſi que
     d'autres Maîtres Flamans.

23 . 5 542 Soixante-dix Desseins de differens
     Maîtres Flamans & Allemans.

12 7 543 Vingt-cinq jolis Desseins, tant de
     *Van-Goyen, Bartholomé, Jean Steen,
     Verſcuringh*, que d'autres Maîtres
     Hollandois & Flamans.

24 544 Vingt-cinq autres Desseins de la mê-
     me Ecole, & entr'autres, pluſieurs
     de *Van-Vden, Bloemaert, Teniers,
     Van-*

Van-Thulden, *Schut*, & autres bons
Maîtres.

545 Un petit Porte-Feuille, contenant
cinquante-deux feuillets, sur lesquels sont dessinées très-proprément
& avec exactitude, plusieurs Plantes
portant chacune son nom écrit au bas
de la feuille.   2 19

546 Vingt-neuf Desseins, la plûpart Pay-
sages & Sujets, de differens Maîtres
Flamans, comme *Molyn*, *Quillinus*,
Spranger, *Weynans*, &c.   15 2

547 Quarante autres Desseins, tant Italiens que Flamans.   2

548 Deux cens Desseins de differens Maîtres d'Italie.   6   15

549 Soixante-dix petits Desseins des mêmes Maîtres, & parmi lesquels il y
en a d'interessans.   18 2

550 Trente-un autres Desseins, *idem.*   10 12

551 Un Porte-Feuille, contenant cent
cinq Desseins de differens Maîtres, la
plûpart Italiens.   27 0

552 Trente-sept Desseins de differens
bons Maîtres, & entr'autres, de
Perrier, *Benedete*, *Cangiage*, *Vouet*,
le Sueur, *Blanchard*, &c.   20

553 Vingt-trois Desseins de Plantes du
Jardin du Roy, par *Chatillon*.   8 19
     Sept autres Desseins de differens
Vases.

                              Cinq

Cinq Desseins du Cabinet de *Girardon*.

Six autres Morceaux d'Archi-tecture.

48-4 554 Quatre beaux Desseins d'*Antoine Watteau*.

Deux autres d'*Oppenor*.

28 555 Douze autres beaux Desseins très-finis, tant de *Dufart*, *Asselin*, *Both*, *Carré*, que d'autres Maîtres Hollandois.

50-1 556 Dix-sept autres grands & beaux Desseins, aussi très-finis d'*Huttenburgh*, *Verschuringh*, & autres Maîtres Hollandois.

70 557 Trente-une Etudes de *Watteau*, tant Paysages que Figures.

48 2 558 Trois des plus beaux Desseins de *Watteau*, & entr'autres, une feuille sur laquelle il y a dix Etudes de Têtes très-finies & admirables.

22 559 Trois autres beaux Desseins de choix du même *Watteau*, dont entr'autres, son Portrait riant, & fait par lui-même.

6-1 560 Soixante-dix desseins de differens Maîtres, tant Figures que Paysages, Animaux & Vases.

13-1 561 Vingt-quatre Desseins de differens bons Maîtres François, comme *Mellan*, *Bourdon*, *De la Hire*, *Stella*, *Corneille*,

Corneille, *Mignard*, *le Brun*, &c.

562 Vingt-cinq autres Desseins de divers   27 - 1
Maîtres François & Hollandois ; sça-
voir, *Verdier*, *Parossel*, *Boullogne*,
Mellan, *Coypel*, *Nanteuil*, *Golzius*,
Diepenbeck, *Lairesse*, &c.

563 Quinze jolis Paysages de differens   7
Maîtres, la plûpart Hollandois.

564 Seize autres beaux Desseins de Paysa-   18   5
ges, par *Teniers*, *Forest*, *Ruysdal*,
Van-Uden, &c.

565 Un parfaitement beau Dessein fait   17 - 10
sur Velin à la Mine-de-Plomb, par
Corneil Wischer, il représente une
espece de Savoyard.

566 Sept autres jolies Têtes, par le mê-   30   1
me *Corneille Wischer*.

567 Trois excellens Desseins, dont deux   19 19
de M. *Boucher*, & un de M. *Nattoire*.

568 Six autres beaux Desseins, tant Pay-   15   2
sages que Figures, par Messieurs *Coypel* & *Boucher*.

569 Vingt-cinq Desseins de differens Oy-   3   6
seaux, par *Robert*, & autres Maî-
tres.

570 Quarante jolis Oyseaux peints en   35
Miniature.

571 Quarante-deux Desseins, tant de   6
Rimbrant que de son Ecole.

572 Quatre-vingt Desseins de differens   9   1
Maîtres Italiens.

P   573 Quatre

40 573 Quatre des plus beaux Desseins de
la Fage, en forme d'Eventail, ornez
de quantité de Figures, & repréſentant les quatre Saiſons.

18 1 574 Cinq autres beaux grands Desseins de
differens Maîtres, ſçavoir :
Un de *Bloemaert*.
Un de *Watteau*.
Un de *Corneille Duſart*.
Un de *Boittard*.
Un Payſage.

24 575 Quatre autres excellens Desseins,
ſçavoir :
Un qui repréſente le Portrait de
Pietre Teſte.
Deux autres par *Pietre Teſte*.
Un par le *Mucian*.

16 576 Vingt-cinq autres Desseins de differens bons Maîtres d'Italie.

16 577 Treize Desseins de differens Maîtres,
tant d'Italie que de Flandre, entre
leſquels il y en a d'intereſſans.

24 578 Dix jolis Desseins Chinois très-finis.

29 10 579 Dix autres, *idem*.

36 580 Treize jolis Desseins, ſçavoir :
Un de *Pietre de Jode*.
Un Payſage de *Verchuringh*.
Deux Marines, dont l'une eſt de
Willaume Vande-Velde, & l'autre,
de *Bachuyſen*, les deux meilleurs
Maîtres Hollandois en ce genre.
Les

Les Desseins de ces deux Maîtres
sont extrêmement rares & recherchez en Hollande.

 Trois autres Desseins de *Verkolie.*
 Trois de *Van-Luyken.*
 Un de *Rademaker.*
 Deux de M. *de la Joue.*
581 Un magnifique dessein de *Vanius*,   10 . 10
 représentant l'Enlevement de Saint
 François dans le Ciel.

ESTAMPES.

LEs mêmes raisons que nous venons d'alleguer au sujet des Desseins, ont déterminé M. de la Roque à agir sur le même principe par rapport aux Estampes. Les anciennes, sur-tout, tant Italiennes que Flamandes, ne sont pas ici, à la vérité, assez flatteuses en général pour un Amateur ; mais souvent plusieurs de ces Morceaux qui n'auroient été d'aucun mérite auprès d'un Curieux, étoient, pour M. de la Roque, d'une consequence infinie, eu égard à son projet qu'il ne perdoit jamais de vûë. Quelques-unes de ces Estampes, quoique médiocres & sans choix, lui donnoient souvent des noms de Graveurs & de Peintres, qu'il n'auroit pas connus sans elles, & dont il n'auroit jamais pensé à

s'informer

s'informer. Elles lui procuroient
l'occasion de s'instruire de ces
Maîtres ; elles lui étoient, en ce
cas, suffisantes, & tout en ce
genre lui devenoit propre & convenable. Cet avantage que l'on
tire de plusieurs de ces Estampes,
que l'on ne daigne pas quelquefois regarder, n'est pas à rejetter ;
effectivement, j'en ai remarqué
quantité dans celles-ci, qui por-
toient des noms de Peintres & de
Graveurs, qui sûrement ne nous
sont pas familliers, & qui souvent
même, nous sont inconnus. Quelquefois cependant M. de la Roque
en a acquis d'excellentes, & de
fort rares, comme on le verra
dans le détail énoncé ci-après. Il
cherchoit alors à satisfaire son
goût.

A l'égard des Estampes Françoises, elles sont assez généralement belles & mieux choisies. La
facilité que l'on a de les trouver plus communément, & ou-

tre cela leur prix, qui, quoique de bonnes Epreuves, n'eſt pas comparable à celui des anciennes Eſtampes, quand on les ſouhaite des premieres, donnoit à Monſieur de la Roque la liberté d'en pouvoir faire un choix convenable.

Ainſi, comme les Eſtampes Etrangéres, & ſur-tout les Flamandes, ne ſont pas dans ce Cabinet de cette condition & de cette beauté d'Epreuves capables de piquer les vrais Curieux, pluſieurs d'entre eux m'ont engagé, pour rendre ici cette partie plus complette, d'y joindre une collection d'Eſtampes que je poſſede, à laquelle je travaille depuis du tems; & où il n'y a que de ces Morceaux rares & parfaits, qui tombent difficilement ſous la main. J'eſpere qu'ils voudront bien la recevoir avec plaiſir, & qu'elle leur deviendra agréable.

On trouvera à la ſuite des Eſtampes de ce Cabinet, un Avertiſſement que

que j'ai donné, au sujet de cette derniere Collection. Il y a aussi plusieurs Cartes Géographiques, tant
Françoises qu'Etrangéres, qui précédent cet Avertissement.

VOLUMES

****

VOLUMES RELIÉS.

3 582 UN volume *in-folio*, proprement relié, renfermant des Ornemens & des Vases, gravés par différens Maîtres.

562 583 Recueil des Portraits de *Wandyck* en 110 Morceaux de très-bonnes Epreuves & de l'Edition de *Gilles Hendrick* ; il est *in-folio* & bien conditionné.

On pourra consulter , tant sur cet article , que sur ceux qui interesseront dans la suite , ce que j'en ai dit dans le Catalogue Raisonné , que j'ai fait l'année derniere , à l'occasion de la Vente du Cabinet de feu M. de Lorangere ; il ne conviendroit pas à ce sujet de tomber dans des Redites qui ne pourroient devenir qu'ennuyeuses.

20 584 Un volume *in-folio* , contenant les quatre Saisons, les quatre Elémens, & leurs Devises : Le tout gravé par *Sebaftien le Clerc* , d'après *le Brun* , avec le Difcours , & des premieres Epreuves.   L'Oeuvre

585 L'Oeuvre de *Watteau*, en plus de deux cens grands Morceaux, tant Sujets, qu'Ornemens, avec les deux volumes de ses Etudes; ce qui forme en tout trois volumes.   100

586 Traité d'Architectures, par *Nativelle*, en deux volumes *in-folio*, *Carta Maxima*.   19   3

587 La Gallerie, & autres ornemens de Peinture, exécutés dans la Maison du Président Lambert, par *le Sueur* & *le Brun*, gravés par *Bernard Picart*, & autres Maîtres.   36

*587 La Gallerie Barberine, avec les Tableaux peints dans plusieurs Appartemens de ce Palais, par *Pietre de Cortone*, en 37 morceaux, y compris les 3 titres, & gravés par *Bloemaert*, *Spierre*, *Clovvet*, *Blondeau* & autres Maîtres, des premieres Epreuves.   39   19

588 Le Plan de la Ville de Paris, exécuté en vingt feuilles, sans y comprendre le Plan général, sous les ordres de Monsieur Turgot, alors Prevôt des Marchands: Grand *in-folio*, proprement relié.   6

589 Description des Fêtes, données par la Ville de Paris, à l'occasion du Mariage de Madame Louise-Elisabeth   24   2

de

de France , & de Dom Philippe, Infant & Grand d'Espagne, *in-folio Carta Maxima*, proprement relié.

25. 2 590 Le Cabinet de l'Archiduc , gravé par les soins de *David Teniers* , *in-folio* ; les Epreuves en sont fort belles.

9 591 La Pompe funébre du Prince Albert Archiduc d'Autriche , *in-folio.*

9 1 592 *Theatrum Floræ* , enluminé , *in-folio.*

2 . 2 593 Vies des Peintres du 17e Siécle , avec leurs Portraits , *in-quarto.*

9 10 594 *L'Abecedario Pittorico* , *in-quarto.*

18 595 *Felsina Pittrice* , 2 volumes *in-quarto.*

15 . 1 596 Un volume *in-folio* , relié & rempli de divers Vases , Ornemens & autres Morceaux propres à l'Architecture.

4 1 597 Les Antiques de *Perrier.*

3 598 Trois volumes ; sçavoir :
L'Apocalypse figurée , Lyon 1561.
Recueil de Caractéres & de Charges dessinées par *Leonard de Vinci* , & gravées par M. *le C. de C.* avec une Lettre de M. Mariette à ce Seigneur.
Les Travaux d'Ulysse.

31 10 * 598 Un volume , grand *in-folio* , contenant plus de 950 Morceaux gravés par *Callot* , très-proprement collés , dont entr'autres :
Les Saints de l'année.
Les 7 Péchés Mortels.

Les

Les Caprices de Nancy.
Les *Gobbi*.
Les Monnoyes.
La Nobleſſe.
La Tentation de Saint Antoine.
La Foire de Nancy, &c.

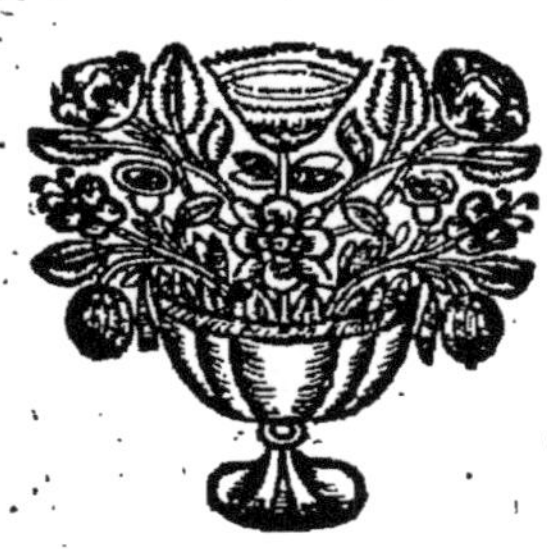

ESTAMPES

ESTAMPES DETACHÉES.

599 LEs six petites Batailles d'Alexandre, d'après *le Brun*, gravées par *Audran*, des premieres Epreuves.

600 Les deux grandes Batailles de Constantin, gravées par *Gerard Audran*, d'après *le Brun*.

L'Histoire de Meleagre en huit Morceaux gravés aussi d'après *le Brun*, par *Bernard Picart*.

601 Trente Estampes, gravées d'après *le Brun & Mignard*, dont entr'autres ;

Les cinq Batailles, par *Picaut*.

La Madelaine, saint Charles & saint Louis, par *Edelinck*.

La famille d'Alexandre, par le même *Edelinck*, d'après *Mignard*.

Le Portement de Croix, par *Gerard Audran*, &c.

602 Un Porte-feuille, contenant plus de cent Estampes, d'après différens Maîtres Italiens.

603 Un autre Article, *idem*, de plus de cent Estampes.

604 La vie de saint Bruno, gravée par *Chauveau*, d'après les Tableaux de *le Sueur*, qui sont au Cloître des Chartreux

treux de Paris , en vingt-deux morceaux fans le titre & l'Epître.

605 Un Porte-feuille , contenant près de   29 11
trois cens Eftampes de differens Maîtres Italiens.

606 Trois petits Porte-feuilles , qui con-   6   5
tiennent diverfes petites Eftampes ,
dont un entr'autres eft rempli de divers Oifeaux & autres Animaux.

607 Un autre grand Porte-feuille , rem-   7   9
pli de diverfes Eftampes gravées par
Tempefte.

608 Cent Eftampes , ou environ, tant de   5 -7
Sadeler , qu'autres Payfages de differens Maîtres.

609 Cent dix-huit petites Eftampes , gra-   30 9
vées , tant par *Oftade* , que plufieurs
Eaux fortes de differens Peintres ,
comme du *Guide* , de *Poter* , &c.

610 Dix-fept Eftampes , tant d'après M.   26 10
Jouvenet , que d'après M. *Reftout* ,
toutes bonnes Epreuves , dont entr'autres :

Les Tableaux de S. Martin des
Champs, d'après M. *Jouvenet*.

Le *Magnificat* , qui eft exécuté par
le même Peintre , dans le Chœur de
Notre-Dame de Paris.

Une Elévation & une Defcente de
Croix , d'après le même , &c.

La Priere au Jardin , d'après M.
Reftout.   Q   Armide ,

Armide, irritée du départ de Renaud, d'après le même.

Jefus guériffant un Paralitique, *idem.*

Laban & Jacob, *idem*, &c.

611 Le Sacre de Louis XIV.

Hiftoire de Dom Quichote, en fix grandes feuilles.

Six figures d'Académie, deffinées & gravées par M. *Carles Vanloo.*

Un Recueil d'Animaux de Chaffe, gravez en douze feuilles par Monfieur *le Bas.*

Un Livre de Trophées de Chaffe, gravé en fix feuilles, d'après *C. Huet,* par M. *Guelard.*

Un autre Livre de fix feuilles, repréfentant des fujets de Singes.

Un autre Livre de différens Animaux gravez en fix feuilles, par le Sieur *Doffier,* d'après *Van-Keffel.*

612 Quarante-huit petites Eftampes, tant de *Goudt,* que de *Sadeler* & *Crifpin de Pas.*

Environ quatre-vingt Morceaux, gravez, tant par *Sebaftien le Clerc,* que par *Bernard Picart.*

613 Sept petits Porte-feuilles, dans lefquels il y a quantité de petites Eftampes anciennes.

614 Soixante-&-dix Portraits, grands & moyens,

moyens, la plûpart gravez par les meilleurs Maîtres François, & de bonnes Epreuves.

615 Quatre differens Portraits de M. le Cardinal de Fleuri, & entr'autres celui qui est gravé par *P. Drevet*, d'après Monsieur *Rigaut*, & celui qui est gravé par M. *Thomaſſin*, d'après M. *Autereau*.

    Plus, le Portrait de M. de Vintimille, Archevêque de Paris, par M. *C. Drevet*, d'après M. *Rigaut*.

    Ces Portraits sont tous parfaits d'Epreuves.

616 Sept autres beaux Portraits, d'après M. *Rigaut*, tous auſſi de fort belles Epreuves, sçavoir :

    Le Portrait de M. Boſſuet, Evêque de Meaux, par M. *P. Drevet*.

    Celui de M. l'Archevêque de Cambray.

    Celui de M. le Comte d'Evreux.

    Celui de M. l'Archevêque de Reims.

    Celui de Boileau.

    Celui de M. Dodun.

    Celui de M. de Silleri, Evêque de Soiſſons.

617 Vingt-huit Portraits, faits pour une Hiſtoire d'Angleterre, parfaitement bien gravez, tant en Hollande qu'en

    Angleterre

Angleterre, & de très-belles Epreuves. La plûpart de ces Portraits font intereffants, & cette fuite ne fe trouve pas communément.

Dix-fept autres beaux Portraits, prefque tous gravez par des Maîtres François, & d'une Epreuve parfaite, fçavoir :

M. l'Abbé Caperonnier.

M. d'Hozier.

M. de Maupertuis.

Mlles Peliffier, le Couvreur; Defeine & Sallé.

Ceux de Charrier, Lieutenant Criminel de Lyon, & du Brifacier, avant la Lettre, par *Maffon*.

Un Amiral de Hollande, par *Bloetelingh*, &c.

618 Quarante Morceaux de divers ornemens, Statuës, Fêtes, feux d'Artifices & autres morceaux d'Architecture.

Un Livre de Broderie, par le Sieur *Henri*.

619 Trente-&-une Eftampes ; fçavoir :

Le Roman Comique, en quinze morceaux ; des premieres Epreuves.

Deux Contes de la Fontaine.

Sept Dom-Quichote.

Cinq Eftampes d'après *Gillot*.

Le Portrait de la Demoifelle d'Angeville,

geville , & une autre Piéce , d'après *Pater.*

620 Un petit Oeuvre de *Lancret* , en 3
vingt-quatre Morceaux, tant grands ,
que moyens & petits, des premieres
Epreuves.

621 Seize morceaux, gravez d'après *Te-* 25 . 5
niers , par le Sieur *le Bas* , aussi des
premieres Epreuves.

622 Un fort bel Oeuvre de *Wauvver-* 88 10
mens , composé de soixante-&-dix
morceaux, y compris le Portrait , ce
qui comprend tous ceux qui ont été
gravez à Paris, tant par M. *Moyrau* ,
que par Messieurs *le Bas* , *Beaumont* ,
& autres Graveurs : les Epreuves en
font très-belles.

623 Quatre-vingt-dix-sept Estampes, sça- 11 1
voir :

 Treize grandes de *Vandermeulen.*
 Quatre-vingt-quatre de *Silveftre* ,
tant grandes que petites.

624 Cent quarante Estampes, tant de 30
Bloemaert , que de *Ghein* , *Saerdam* ,
& autres Maîtres Flamans.

625 Soixante-&-douze Estampes de *Gol-* 13
zius , *Saerdam* , *Muller* , &c.

626 Cinquante belles Epreuves , tant de 48 1
Golzius , *Saerdam* , que de *Muller* ,
Ghein , *Sprangers* , *Mathan* , &
autres Maîtres, dont entr'autres :

Le Chien de *Golzius*.

Les sept Planetes de *Saerdam*.

Un Groupe, vû de trois côtés, par *Muller*, &c.

110 4 627 Une suite très-interessante de près de quatre cens Portraits de Peintres, Sculpteurs, Graveurs, Architectes & autres Artistes, parmi lesquels il y en a de fort rares, & dont les Epreuves sont parfaitement belles. Il seroit difficile d'en rassembler un plus grand nombre ; cette suite est d'autant plus recommandable, qu'il y en a dedans, nombre d'Anciens Peintres qui sont très-peu connus.

21 628 Vingt-deux Morceaux gravez, tant par *Wischer*, *Suyderoef*, que par d'autres bons Maîtres, tant Sujets, que Portraits.

24 629 Douze autres beaux Morceaux de très-bonnes Epreuves, gravés, tant par *Corneille Wischer*, que par *Suyderoef*, dont entr'autres :

La Paix de Munster.

Les quatre Bourguemestres.

Deux Morceaux en hauteur, d'après *Van Lar*, dit *Bamboche*.

Le Bal de *Berghem*.

Le Bal d'*Ostade*.

Le Portrait de Bouma.

30 La Fricasseuse, &c.

630

630 Trente-six Morceaux gravez d'après *Berghem* & *Wauvvermens*, tant par *Wischer*, que par *Berghem* même, & autres Maîtres, parmi lesquels il y a de très-bonnes Epreuves.   20

631 Seize Morceaux séparez de la Gallerie de Luxembourg, d'après *Rubens*, des premieres Epreuves, sçavoir, Deux grands & quatorze petits.   27

632 Quatre-vingt-dix Morceaux d'après *Rubens*, *Wandyck*, & autres bons Maîtres de cette Ecole, parmi lesquels il y a de très-bonnes Epreuves.   29   19

633 Vingt-cinq autres morceaux, d'après les mêmes *Rubens*, *Wandyck*, & Ecole, tous de fort belles Epreuves.   23   19

634 Quatre autres Morceaux, parfaits d'Epreuve, d'après *Wandyck*, sçavoir :   28

La Descente de Croix en largeur, par *Wolsterman*.

Samson & Dalila, par *Suyers*.

Une Vierge, par *Caukerken*.

Le grand Crucifix, par *Hollard*.

635 Onze autres Morceaux, d'après le même *Wandyck*, dont entr'autres :   15   15

L'*Ecce Homo*, par *Bolsvvert*.

Les deux Piéces de l'Histoire de Renaud & Armide, &c.

636 Quinze des plus beaux morceaux qui   30   13

ont

ont été gravez d'après *Jordans*, tous
d'une Epreuve parfaite.

7 . 1 5 637 Cent Morceaux ou environ, d'*Albert
Durer*, de *Lucas de Leyde*, d'*Alde-
grafe*, & autres Petits-Maîtres, dont
plufieurs font très-beaux d'Epreuve.

19 10 638 Cinquante-cinq Eftampes, fçavoir :
Cinq qui font gravées à l'Eau-forte,
par M. *Nattoire*, d'après fes propres
Ouvrages, & retouchez au Burin.
Sept autres, d'après M. *Carles
Vanloo.*
L'Hiftoire de Dom Quichote, d'a-
près M. *Oudri*, en vingt-trois mor-
ceaux.
Six des fept Sacremens, d'après *le
Pouffin.*
Douze autres Eftampes, d'après
l'Albane, qui font les quatre petites
Albanes, & deux fois les quatre Elé-
mens.
Deux autres, d'après *le Correge.*

17 . 1 639 Dix-huit belles Eftampes Modernes,
fçavoir :
Neuf par le Sieur *le Bas*, d'après
Berghem & *Van-Falens.*
Neuf autres, d'après M. *de Troyes*,
gravées par Meffieurs *Cars*, *Cochin*,
& *Thomaffin*, toutes belles Epreuves.

22 19 640 Vingt-&-une autres Eftampes, fçavoir :

Cinq

Cinq d'après *le Correge.*

Une d'après *le Parmefan.*

Huit d'après M. *Paroffel,* la plûpart gravées par M. *le Bas.*

Cinq d'après M. *Boullogne,* dont les quatre Elemens.

Deux d'après M. *du Lin.*

641 Vingt-fix Morceaux d'après M. *Boucher.*   16   3

Le Coriolan d'après *de Lafoffe* par *Thomaffin.*

642 Cinquante-cinq Morceaux d'après M. *Bouchardon.* Je crois que cela forme à-peu-près l'œuvre de ce qui a été gravé d'après lui.   13   10

643 Cinquante autres Morceaux de differens bons Maîtres de France.   13

644 Trente-quatre Eftampes grandes & moyennes, gravées d'après M. *Coypel.*   17

645 Quarante-fept autres Eftampes de differens bons Maîtres de France.   20

646 Soixante-fix petites Eftampes de differens Maîtres modernes de France.   9

647 Vingt-neuf Eftampes Françoifes, fçavoir :   13   14

Treize d'après differens Tableaux de M. *Chardin.*

Quatre Vûës des Château & Jardin de S. Clou, gravées par M. *Rigaut.*

Six autres Vûës de Fontainebleau, par le même.   Six

Six autres Vuës de Sceaux, par le même.

7 . 3   648 Quarante-cinq Morceaux d'après le *Bourdon* & le *Poussin.*

649 Quarante-deux Estampes gravées d'après plusieurs grands Maîtres d'Italie, dont quelques-unes sont de *Marc Antoine*, *P: Teste*, *Benedete*, *&c.* & entre lesquelles il y en a plusieurs de recommandables.

7 . 6   650 Quarante grandes Estampes d'après les meilleurs Maîtres d'Italie, la plûpart gravées par des Graveurs François, & entr'autres:

La Nativité, d'après le *Guide* par *Poilli.*

La Transfiguration, d'après *Raphaël*, par le Chevalier *Dorigny.*

La Descente de Croix, d'après *Daniel de Voltaire*, par le même; &c.

20 . 16   651 La Gallerie du Palais Farnese, gravée par *Cesius*, d'après le *Carache.*

Les sept grands Cartons, d'après *Raphaël*, gravez en Angleterre.

14   652 Quarante Sujets de differens bons Graveurs en maniere noire, très-beaux d'épreuve.

15   653 Trente-un beaux Portraits, aussi de differens bons Maîtres en maniere noire.

25   654 Vingt-cinq des plus beaux Portraits de *Smith*, très-beaux d'épreuve, dont

quatorze

quatorze de femmes & onze d'hommes, & entr'autres :

La Veuve.

Mademoiselle Copley.

Mademoiselle Croſſ, &c.

655 Huit des plus beaux Sujets gravez   15 . 15
par *Smith*, parfaits d'épreuve.

656 Vingt-ſix Eſtampes ſéparées, de la   15 . 10
ſuite des trente-ſix Tableaux du Cabinet du Roy.

657 Cent Portraits grands, moyens & pe-   5
tits, tant François qu'Etrangers.

658 Cent quarante petits Portraits d'hom-   7   4
mes Illuſtres, gravez auſſi par diffe-
rens Maîtres François & étrangers,
parmi leſquels il y en a pluſieurs
d'intéreſſans.

659 Soixante quinze autres Portraits de   4   1
différens Maîtres.

660 Soixante douze Portraits de *Nanteuil*,   7 . 10
dont entr'autres :

Le petit Lorret.

Pompone de Believre.

Chapelain, &c.

661 Cent cinquante Morceaux & plus,   14 .
gravez par *Mellan*, dont entr'autres :

La Sainte Face, &c.

662 Les Cris de Boullogne.

Le Livre des Vaſes de *Stella*.   8   19

Un Paquet de Chaſſes de *Stradan*,
Collaet & autres, parmi leſquelles il

y

y a de très-belles épreuves.

La Psiché de *Raphael*, imparfaite.

663 Quarante-deux Estampes de differens Maîtres François

664 Un Porte-feuille rempli d'une quantité d'Estampes de *Callot* & de *La-belle*, dont plusieurs sont dépareillées.

665 Quatre-vingt-six Morceaux de *Callot*, tous de très-belles épreuves, sçavoir:

S. Jean dans l'Isle de Pathmos.

Le Passage de la Mer rouge.

La grande Ruë de Nancy.

Les petits Penitens.

Le Titre des Miracles de Notre Dame de bon Secours.

Celui des Pénitens.

L'Enfant Prodigue.

Les quatre petits Banquets.

L'*Ecce Homo* avant les Armes.

Les sept Péchés Mortels & le petit *Jesus*.

Le Massacre des Innocens.

La grande Passion.

Les Supplices.

Les quatre Bohémiens.

Les quatre petits Paysages.

Le Mausolée de l'Empereur Mathias.

La petite Passion.

Le Martyr des Apôtres.

La Tentation.

Le Soliman, &c.

666 Un

666 Un Paquet contenant environ cinq   25
   cens Estampes · de *Callot*.
667 Cent cinquante Estampes de *Callot*   10
   ou environ, sçavoir :
      La Tentation de S. Antoine.
      La Vie de la Vierge.
      Lux Claustri.
      Les *Curucucu.*
      Les Bossus.
      Les Apôtres.
      Les grandes & petites miseres de
   la Guerre.
      L'Enfant Prodigue, &c.
668 Un Paquet contenant plus de cent   15-1
   soixante Estampes de *Callot*, parmi
   lesquelles il y a de fort bonnes Epreuves, dont entr'autres :
      Les douze Paysages.
      La Place de Sienne.
      Les trois Pantalons.
      Capitani de Baroni.
      Les grandes & petites miseres de
   la Guerre.
      Le Pont-neuf.
      Les quatre Bohémiens.
      Le Combat à la Barriere.
      Les *Curucucu.*
      Les Bossus.
      Varie Figure.
      Les Fantaisies.
      Les Exercices Militaires.

R   669

30   669 Plusieurs Cahiers de papier, sur lesquels sont arrangées proprement, plus de six cens cinquante Estampes de *Callot*, sçavoir :

    Les Saints de l'année.

    Les sept Péchés mortels, & le petit Enfant *Jesus*.

    Les petits Mysteres.

    Les deux Vûës de Paris.

    Le Caprice de Nancy, imparfait.

    La grande Passion.

    Le Martyr des Apôtres.

    Le Nouveau Testament, très-beau d'épreuve.

    Lux Claustri.

    Les Apôtres.

    La Foire de Nancy.

    Celle de Florence, &c.

36   670 Un autre Paquet contenant plus de trois cens Estampes du même *Callot*, en plusieurs petites suites pareilles aux précédentes, & parmi lesquelles il y a de très-bonnes Epreuves.

18 1 671 Trente-cinq Estampes de *Callot*, sçavoir :

    La grande These.

    Le petit Porte-Dieu.

    Deux Épreuves de S. Jean dans l'Isle de Pathmos.

    Le Titre des Astrologues.

    La Vuë du Pont-neuf.

Les

Les deux Vuës de Paris.

La Vie de la Vierge.

La Chasse.

Le Nouveau Testament.

672 Deux cens vingt Estampes ou environ,   30
de *Hollard*, tant Portraits que Paysages, Papillons & autres Animaux.

673 Quatorze autres Estampes de *Hollard*, très-belles d'Epreuve, sçavoir :

La Bourse de Londres, la plus rare
Estampe de *Hollard*.

L'Eglise de Strasbourg.

Les quatre Saisons.

Le Lievre, aussi rare.

Les Manchons, rares.

Le petit Manchon.

Quatre autres Saisons.

Le petit Paysage d'après le *Breu-
glbe*, dans lequel il y a la vuë d'un
Canal en perspective. Il est extrêmement rare.

674 Quarante-cinq Estampes, tant du   11
Rimbrant que d'après lui & de son
Ecole.

675 Cent vingt Estampes du *Rimbrant*,   50
parmi lesquelles il y en a de très-
belles & de rares, sçavoir :

La mort de la Vierge.

La Piece de cent francs.

Le Portrait de Silvius, &c.

R ij   676 Un

7. 4   676 Un Paquet de diverses Estampes de
           differens Maîtres.
4 6   677 Un autre, *idem.*
8 2   678 Un autre, *idem.*
6 10   679 Un autre, *idem.*

CARTES

1686 12

CARTES GEOGRAPHIQUES.

680 Quarante-huit Cartes de la Hollande.   7   12

681 Cinquante-quatre Morceaux de Topographie, tant Vûës que Plans de Ville.   17 . 19

682 Un très-gros Paquet de Cartes, tant Françoises, qu'Allemandes & Hollandoises.   10   1

683 *Atlas* cœleste de *Blaeu*, très-proprement enluminé, en vint-neuf Morceaux.   9 . 5

684 Un gros Paquet de Cartes, dont la plus grande partie est historique.   12

685 Quatre-vingt Cartes, tant étrangeres que Françoises, très-bien conditionnées.   7

686 Quatre-vingt autres Cartes, *idem*, & de la même condition.   11   9

687 Un autre *Atlas* céleste de *Blaeu*, aussi proprement enluminé que le précédent.   9

688 Soixante-six Cartes, la plûpart Françoises, très-bien conditionnées, & parmi lesquelles il y en a quelques-unes de M. *de l'Isle*.   11

R iij   689

689 Une grande Carte du Pays de Maas, en huit Morceaux.

Une très-belle Carte du Bresil en neuf Morceaux. Elle-est parfaitement bien gravée & rare.

Le Cours du Don en plusieurs morceaux ; elle est aussi très-rare.

Une grande Carte des Indes Orientales, en neuf Morceaux.

690 Plusieurs Porte-feuilles qui seront détaillez.

Fin des Effets curieux contenus dans le Cabinet de feu Monsieur de la Roque.

ESTAMPES

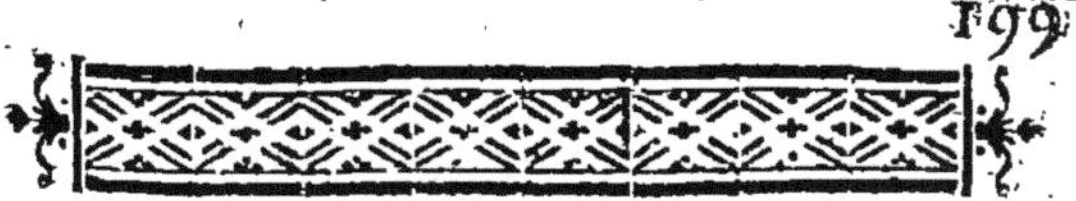

ESTAMPES

DE CHOIX.

AVERTISSEMENT.

ON ne devient curieux des Estampes, & on ne doit les rechercher que pour y examiner le gout, l'élégance, le génie de la composition & la varieté des differens Sujets qu'elles nous réprésentent ; ou pour y admirer l'esprit de la pointe, quand l'Estampe est gravée à l'eau forte, ou la beauté & la fermeté du travail, quand elle est gravée au Burin. Voilà, je crois, les deux seuls motifs qui peuvent exciter les Curieux à faire des Collections d'Estampes ; d'où résulte encore l'avantage de pouvoir s'amuser utilement.

Ceux qui ne cherchent que de la varieté dans les Estampes, peuvent

vent

vent se satisfaire plus aisément. Ils ne portent point le scrupule dans les Epreuves, jusques au degré de perfection; & comme, par-là, il leur est plus facile de trouver à se contenter, ils poussent ordinairement ces Collections plus loin.

Mais les véritables Amateurs de l'Art de la Gravûre, qui sont jaloux de joindre l'agréable à l'utile, & la perfection à l'amusement, prennent des précautions dans leur choix & acquierent plus difficilement. Ils s'attachent davantage à la qualité de l'Estampe, qu'à la quantité; & quand ils auroient le désir d'acquerir plus promptement, la difficulté de trouver des Morceaux parfaits y mettroit un empêchement.

L'Estampe, n'est donc aimable aux yeux des vrais Connoisseurs, que lorsqu'elle se trouve dans la pureté de ses premieres Epreuves. Ainsi un Curieux délicat ne sçauroit apporter trop de soins pour ne ne se procurer rien qui ne soit conditionné & irréprochable. Souvent il se trouve découragé quand il rencontre chez d'autres Curieux une Epreuve qui l'emporte sur celle qu'il possede, & qu'il regardoit néanmoins comme une des plus belles.

Ce n'est point à tort que l'on doit s'attacher aux premieres Epreuves des Estampes. Il est constant qu'elles ne sont dans leur beauté & dans leur perfection que quand elles se trouvent dans ce cas : Elles perdent leur mérite, à mesure qu'elles s'en éloignent. Il n'est pas difficile d'en donner la preuve.

Un Graveur habile travaille sa Planche jusques au moment qu'il la croit parfaite. Eclairé, soit par ses propres lumieres, soit par le secours de celles d'un Peintre intelligent auquel il a recours ordinairement dans cette occasion, il la met sous Presse quand il lui paroît

roît qu'on n'y peut plus rien désirer, ni dans le travail, ni dans les
effets. Il en fait souvent des essais,
il la retouche, il efface quelquefois des endroits qui sont trop
exprimez; Sa réputation s'y trouve
interessée; le titre d'habile homme
qu'il a acquis ou qu'il cherche à
acquerir, fait qu'il ne néglige rien
pour la conduire à sa plus grande
perfection. Les Epreuves qu'il en
fait tirer alors, en constatent le
mérite; il est enfin content de son
ouvrage; Voilà le degré où il a
voulu pousser sa Planche: C'est le
moment où elle a été jugée digne
d'être produite au grand jour, &
livrée aux yeux, à la critique, ou
à l'approbation des Connoisseurs;
& par consequent c'est le moment
aussi décidé, qui peut satisfaire la
curiosité. Car, à mesure qu'elle
vieillit sous la Presse, elle perd sa
vivacité, son accord, sa fraîcheur;
la légereté de son travail se dis-
sipe & s'évanoüit, & elle devient
enfin

enfin infipide & méprifable.

J'avouë qu'il eft difficile & rare de rencontrer dans certaines Eftampes, de ces Epreuves marquées à ce coin de perfection ; qu'il faut, pour en pouvoir être poffeffeur, les payer fuivant leur mérite & leur rareté ; que ce prix eft fouvent capable d'effrayer un Curieux naiffant, qui ne demande qu'à acquerir, mais qui n'eft pas encore affez ferme en connoiffance, pour être en état de fçavoir balancer précifément leur valeur, avec le degré de leur mérite & de leur rareté, ni de fentir & de juger fainement des differences qui doivent avec juftice s'y rencontrer : mais auffi, en ne s'attachant qu'au beau & au parfait, on a la fatisfaction de ne poffeder que des chofes capables de plaire toujours, & pour lefquelles le dégout eft beaucoup moins à craindre. Ce font ces Morceaux piquans qui réveillent & qui en-

tre-

tretiennent l'amour de la Curiosité. Je dirai plus, on court toujours
beaucoup moins le risque d'être
dupe, quand on ne donne, en
quelque genre de curiosité que ce
soit, que dans *le beau* & dans *le
parfait*, (quoiqu'à un gros prix)
que quand on se contente de choses médiocres, parce qu'elles pa-
roissent à un prix bien inférieur.
Pourvû cependant que l'on s'a-
dresse à quelqu'un dont la connoissance soit sûre, & dont la
probité soit reconnuë. Il est même
rare qu'un Curieux qui pendant
sa vie à passé pour Connoisseur,
& qui s'étoit acquis la réputation
de ne rien choisir que d'exquis
& d'excellent dans ce qui faisoit l'objet de sa curiosité, il est
très-rare (dis-je) qu'on ne retrouve
le prix qu'il a employé à ces effets. Souvent, même, certains
Morceaux sont plus avantageusement vendus, parce qu'il se trouve
toujours quelque Curieux qui se
laisse

laisse entraîner au plaisir de pos-
seder un beau Morceau quand le
hazard lui offre ; au-lieu que dans
le médiocre, il y a presque toujours le tout à perdre. Peut-être
que ce que j'avance ici paroîtra
paradoxe à quelques-uns, sur-tout
de la part d'un Marchand qui est
ordinairement suspect, & auquel
on est facilement disposé à prêter
quelques vûës d'interêt. Quoiqu'il
en soit, le fait n'en sera cependant
pas moins vrai, & je suis tous les
jours dans le cas d'en voir la preuve
par moi-même.

Il est très-difficile d'apprendre à
connoître, à l'égard d'une Estampe,
ce que c'est qu'une premiereEpreu-
ve, & peu de personnes sont en état
d'en décider. On se laisse quelquefois surprendre par le faux brillant,
& l'effet outré d'une Epreuve.
Souvent même cette Epreuve, par
ce défaut, paroîtra aux yeux des
foibles Connoisseurs, mériter la
préférence sur la bonne. On s'i-
S magine,

magine, mal-à-propos, qu'une Epreuve, pour être des premieres, doit être caractérisée par *un grand noir*. Mais ce mérite séduifant & trompeur pour quelques-uns, tombe & s'évanoüit promptement par un exact examen, qui ne se peut faire avec certitude, que par une grande habitude acquise de longue-main. C'est par des Actes réiterés de comparaison, que l'on se forme enfin un coup d'œil fûr, & un jugement certain. Ce n'est donc point à ce faux brillant que l'on doit s'attacher, mais à un certain effet doux, agréable, fans crudité quoi-que vif, & qui sçait conserver un accord & une union entre toutes les differentes parties de l'Estampe, aussi-bien qu'à une taille nourrie & nette qui laisse appercevoir toutes les beautés du travail jusques dans les ombres les plus fortes, & qui est exempte de cette seche-resse & de cette aridité ordinaires aux

aux mauvaiſes Epreuves. L'uſage & la pratique ſont, pour cette connoiſſance, beaucoup au-deſſus de la théorie ; il ne ſeroit pas aiſé de donner par écrit les moyens ſûrs de ne s'y pas tromper.

L'acquiſition que j'avois faite, il y a quelques années d'une collection d'Eſtampes, peu nombreuſe à la vérité, mais faite avec un choix ſcrupuleux, par un Curieux des plus difficiles & des plus clairvoyans, m'avoit fait naître l'idée de l'augmenter. Pluſieurs de ces Morceaux, qui ne tombent pas ſouvent ſous la main, y étoient d'une ſi belle condition, & d'une ſi grande beauté, que je pris le parti de chercher à y joindre les Piéces recommandables de certains Maîtres, dont il n'y avoit point, ou peu de Morceaux, en voulant me borner, cependant, à ce qui étoit reconnu pour le plus beau de chaque Maître, ſans y rien faire entrer qui ne pût paſſer

S ij   pour

pour Epreuve parfaite aux yeux des Curieux les plus délicats.

Cette entreprise, quoique ser-rée par les bornes que je croyois y mettre, me parut dans la suite plus étendue & plus difficile que je ne me l'étois d'abord imaginée. En effet, rassembler tout le beau & le choix de chaque bon Maî-tre, n'est-ce pas dans un sens en rassembler la totalité, puisque ce qui reste est inferieur à ce choix?

Je travaillai cependant avec quelque succès; & sur-tout dans les voyages que je fis en Hollande, je trouvai à me satisfaire dans les meilleurs Maîtres Flamans, com-me *Rubens*, *Wandick*, *Rimbrant*, *Golzius*, *Saerdam*, *Muller*, *Ma-than*, *Sadeler*, *Wischer*, *Suyderoëf*, & autres; & je puis dire, sans en imposer, que j'ai poussé ce projet, à l'égard de plusieurs Maîtres, à un degré de perfection, qui a tou-jours paru faire grand plaisir aux vrais Curieux. Ils ont été surpris

de

de la beauté & de la condition de chaque Morceau en particulier, ainſi que du coup-d'œil de la totalité qui ne ſe dément, dans le détail, en aucune de ſes parties.

Il ſeroit impoſſible à tout autre qu'à une perſonne de commerce, de pouvoir conduire un pareil projet à ſa perfection. On doit premierement lui croire aſſez de connoiſſance & de goût pour ſçavoir faire un bon choix. En ſecond lieu, la facilité qu'il a de pouvoir changer & rebuter les Morceaux qui lui paroiſſent inferieurs à ceux qui lui tombent journellement dans les mains, lui donne les moyens d'embellir de plus en plus, & ſans frais, ſon Recueil, en y ſubſtituant toujours ce qui lui vient de ſuperieur à ce qu'il a déja; Avantage dont ne peut pas profiter un Particulier, ſans s'expoſer à une dépenſe énorme pour ces changemens ſouvent réiterez.

L'amour ſeul de l'Eſtampe,

 m'ex-

m'excitoit à cette recherche. Je
réfiftois avec peine quand je dé-
couvrois quelques Piéces rares &
parfaites, qui me manquoient,
malgré le prix, comme on le fçait,
où ce feul amour pouvoit les porter ; mais il eft bien difficile à un
Marchand de pouvoir fe donner
pour curieux ; fa profeffion femble
devoir exclure chez lui la qualité
d'Amateur, qui devient ordinairement une caufe de méfiance. On
veut, & peut-être avec juftice,
que tout ce qu'il poffede foit à
vendre, quand cela tient à quelque branche de fon Commerce.
Il ne lui eft permis de vouloir
jouir de ce qu'il a, que jufqu'au
moment que cela peut réveiller
les défirs d'un Amateur. On prend
toûjours en mauvaife part les ré-
ferves qu'il fe veut faire, & lui
entendre dire, quand on attaque
chez lui quelque morceau, qu'il
le veut garder par amour, c'eft
au fentiment d'un acheteur, l'an-
noncer

noncer à un haut prix, auquel véritablement, & même souvent, il ne le refuseroit peut-être pas si on l'y portoit. En un mot, c'est selon lui, vouloir exciter trop ses desirs, chercher à le mettre de mauvaise humeur, & quelquefois le renvoyer mécontent & piqué. Mais je pourrois paroître suspect, si je prenois à ce sujet le parti de l'affirmative ou de la négative.

Une personne de considération pour laquelle je me ferai toujours gloire d'avoir toutes les déférences qu'il est en droit d'exiger de moi, & de chercher toutes les occasions de lui donner des preuves d'un zéle respectueux, me témoigna qu'il désiroit avoir quelques Piéces de cette suite, pour joindre à une Collection que je lui formois depuis quelque tems; je ne balançai point à le satisfaire. Plusieurs Curieux ayant appris que j'avois entamé ce Recueil, vinrent me solliciter pour me défaire en

leur

leur faveur de plusieurs autres
Morceaux ; mais je n'avois pour
lors d'autres vûës que de les garder , ou de me défaire de la totalité.

L'occasion de la vente des Effets de *Curiosité*, appartenans à feu
M. de la Roque, a engagé ces mêmes Curieux à me conseiller de
profiter de cette vente. Ils m'ont
représenté que comme j'avois très-
peu d'Estampes Françoises & beaucoup de Flamandes, & qu'il y avoit
au-contraire dans le Cabinet de
M. de la Roque beaucoup moins
d'Estampes Flamandes que de
Françoises, si j'y joignois les mien-
nes, cela pourroit alors former un
Tout qui leur deviendroit agréable ; & qui seroit mieux assorti.

Voilà les raisons qui m'ont dé-
terminé à mettre mes Estampes à
la suite de ce Catalogue , pour y
être exposées en vente conjoin-
tement avec celles de M. de la
Roque. J'espere que l'on aura
tout

tout sujet d'en être satisfait ; elles
font déja assez connuës pour pouvoir exciter les Amateurs à les recevoir avec plaisir. A mon égard,
je ferai ensorte de leur marquer
mon désinteressement ; ce n'est
point la premiere occasion où j'ai
exposé en vente publique des Effets ausquels j'étois interessé, & je
crois y avoir donné lieu de présu-
mer que je n'agirai pas autrement
pour ce qui me regarde, que j'ai
coutume d'agir pour ceux qui veulent bien me charger de la direction
de leurs Effets. J'ai crû aussi qu'il
me seroit permis de faire connoître le merite réel de ces Estampes,
qui forment un assemblage que
j'ose dire qu'il seroit difficile, &
même impossible de pouvoir faire
aujourd'hui d'une pareille condition & d'une pareille beauté. Je
le ferois également si elles appar-
tenoient à quelqu'un qui me les
auroit confiées.

Je n'ai pas suivi dans ces Estampes

pes plus d'ordre que dans celles du Cabinet de M. de la Roque. La quantité n'étoit pas assez considerable pour m'y engager ; outre cela , le tems m'auroit manqué. J'ai seulement tâché de mettre de suite tout ce qui est d'un même Maître , excepté les grandes Estampes qui forment un Portefeuille à part, & que j'ai été dans la nécessité de séparer. Mais la Table qui est à la fin de ce Catalogue , remédiera à ce défaut , & elle renvoira à chaque Numero les ouvrages des Maîtres qui y sont contenus.

10　691... * La Sainte Cecile d'après *Raphael*,

* Toutes ces Estampes étant déja annoncées dans l'Avertissement précedent , comme des Estampes d'Elite , & d'une condition parfaite , il est inutile de répéter cette condition à chaque Article , & de faire sentir la beauté de chaque Epreuve. Il suffit d'avertir une seule fois qu'elles sont toutes , à l'exception d'un très-petit nombre , aussi belles & aussi parfaites qu'on les peut désirer. Quand il sera nécessaire de faire connoître les differences qui caractérisent de certaines Piéces , & qu'il s'en trouvera d'une extrême rareté, j'aurai soin d'en avertir.

gravée

gravée par *Marc Antoine*. C'est la rare avec le Collier.

692 Le Songe de *Raphael*.

La Descente de Croix d'après le *Baroche*, gravée par *Villamene*.

Deux grands Morceaux du *Baroche*, en hauteur, dont l'un est une Annonciation, & l'autre un Saint François.

Une autre grand Morceau aussi du *Baroche*, & gravé par *Raphael Guidi*, représentant une Descente de Croix.

En tout cinq Morceaux.

693 Sept autres Estampes ; sçavoir :

Le Saint Georges, gravé par *Lucas Vosterman* d'après *Raphael*.

Le Massacre des Innocens ; le Saint François tenant l'Enfant Jesus, & Notre-Seigneur qui donne les clefs à Saint Pierre, toutes trois en hauteur & gravées par le *Guide*. Ces deux dernieres sont assez rares.

Deux autres de *Carlomaratti*.

Une de *l'Espagnolet*.

694 Le grand Crucifix du *Tintoret*, gravé par le *Carache* en trois morceaux.

Cette Epreuve vient du Cabi-
nes

net de feu M. Lucas, ancien Curieux, & qui paſſoit pour avoir le plus beau Recueil du Carache, qui fût connu.

14 5 695 Cinq autres Eſtampes du *Carache*; ſçavoir :

La Mort de Saint François.
La Samaritaine.
Le Saint Jerome à genoux.
Enée qui porte ſon pere Anchiſe.
Une grande Nativité; cette derniere n'eſt point gravée par le *Carache*, mais ſeulement d'après lui.

24 19 696 Le Saint Jerome, gravé par le *Carache* d'après le *Tintoret*, d'une Epreuve extraordinaire.

56 19 697 Douze petits Morceaux; ſçavoir, dix gravez par les *Caraches*, un du *Baroche*, & un du *Parmeſan*; & entr'autres :

Les deux petites Piéces en largeur gravées d'après le *Tintoret*, par *Annibal Carache*.

Omnia vincit amor, par le même.
La Vierge à l'Ecuelle, par le même.
Le Couronnement d'Epines, par le même.

Le

Le Portrait du Comedien, par le même.

La petite Nativité, par le même.

Deux Vierges , par *Louis Carache*, &c.

698 Neuf Eftampes Italiennes , dont   10 16
quatre font de *Corneille Cort* ; &
entr'autres :

La Céne d'après *Livius Forlivotanus*.

La Difpute du Saint-Sacrement.

L'*Ecce Homo*, qui eft un de fes plus beaux Morceaux. Il eft gravé tout-à-fait dans le goût du *Carache*, &c.

699 Quinze Eftampes , la plûpart d'Italie ; fçavoir :   6 8

L'Extafe de Sainte Therèfe d'après le *Cavalier Bernin* par *Thibouft*.

Une petite Vierge d'après le même , par *Baronius*.

Une grande & belle Eau-forte d'après le *Lanfranc*.

Douze petits Portraits , dont entr'autres , ceux du *Cavalier Bernin*, de l'*Albane* , d'*André Sacchi* , de *Corneille Cort* , &c.

700 Les quatre grandes Albanes , gravées   31
par *Baudet*,

Ces quatre Morceaux font ex-

T   trême-

trêmement difficiles à trouver d'u-
ne Epreuve brillante & égale.

33. 3 701 La belle Vierge du *Correge*, gravée
par *Spierre*.

Cette Eſtampe eſt encore très-
difficile à trouver belle ; elle eſt
ordinairement louche, boüeuſe,
& ſans effet. Toutes les Eſtampes
de *Spierre* ſont ſujettes à ces défauts ; cela vient peut-être de la
négligence ou de la malhabileté
de celui qui les a imprimées.

40. 3 702 Onze autres Eſtampes gravées par
Spierre, dont entr'autres :
Le Crucifix ſur les Eaux, Epreuve
rare, & avant les Têtes de Chérubin
qui ſe trouvent ordinairement dans
le haut de la gloire.
La Vierge, d'après *Pietre de Cortone*.
La Montagne avec le Géant qui
tient une Ville d'une main, & un
Fleuve de l'autre.
Un Portrait aſſez rare ; Epreuve
avant la Lettre qui eſt ordinairement
gravée autour de la bordure qui le
renferme, &c.
703 Vingt-

703 Vingt-six Morceaux gravez d'après
Pietre de Cortone, *Cirofer*, *Cyniani*,
& autres Maîtres d'Italie.   30

704 Quatre-vingt-sept petites Estampes
d'*Hisbins*, *Aldegraef*, *Georges Pins*,   18   1
Lucas de Leyde, & autres petits
Maîtres.

705 Onze Morceaux de *Theodore de Bry*,   33   1
des plus beaux & des plus rares de
ce Maître ; entr'autres :
   L'Age d'or.
   La Fontaine de Jouvence.
   Le Triomphe de J.C.
   La petite Foire, &c.

706 Dix-huit Morceaux ; sçavoir :
   Douze jolis Portraits de *Sandrart*.   24
   Six Morceaux de *Vande-Velde*.

707 Douze autres Morceaux ; sçavoir :   27
   Quatre *Wauvvermens*.
   Un Livre de six petites Estampes,
gravées par *Berghem* même, & fort
rares.

   Deux autres petits *Berghem*, de   4
forme differente, encore plus rares
que les précédens, & presqu'introu-
vables.

708 Quarante-un Morceaux gravez, tant   18
par *Berghem*, que d'après lui.

709 Trois Morceaux des plus recommandables du *Rimbrant* ; sçavoir :   150
   N. S. guérissant les Malades, Pié-

ce connuë fous le nom de la *Piéce de Cent Francs*.

La grande Adoration des Rois.

La grande Defcente de Croix.

Les Epreuves de ces trois Morceaux font extraordinairement difficiles à trouver parfaites.

710 Cinquante - deux moyens & petits Morceaux gravez par le *Rimbrant*, tant Portraits, Sujets que Payfages, &c. parmi lefquels il y en a de rares.

711 Neuf autres Eftampes gravées, par *Rimbrant*; fçavoir :

Deux grandes, qui repréfentent N. S. en Croix avec les deux Larrons. Il y a dans ces deux Eftampes des differences très-remarquables.

Une autre grande Eftampe, repréfentant la mort de la Vierge.

La Naiffance de N. S. annoncée aux Bergers par les Anges.

Deux Portraits du *Rimbrant*, avec des differences, &c.

712 Quatorze Eftampes, moyennes & petites, gravées d'après *Rubens*; fçavoir :

Le petit Sujet de *Venus* qui allaite l'Amour,

l'Amour, au bas duquel il y a , *Cref-cetis amores*, par *Corneille Galle*.

Une Vierge, par *Bolfvvert*.

Une Judith , par *C. Galle*.

Un jeune Silene, par *Soutman*.

Une Defcente de Croix , par *Waumans*.

Combat des Centaures , par *Balliu*.

Charité Romaine , par *Caüker-cken*.

Annonciation à la Vierge , par *Bolfvvert*.

Un Chrift mort & étendu, & le Pere Eternel, par le même.

Un vieux Silene endormi a umi-lieu des Pots, par *Wyngaerde*.

Une grande Chaffe, par *Soutman*.

Un Chrift en Croix, par *Bolfvvert*, Epreuve avant la Lettre.

Un autre Chrift en Croix , par le même.

Plufieurs Apôtres fur le bord de la Mer , fortant de la pêche ; Eftampe en largeur , qui porte le nom de *Savrii*, & qui fe trouve rarement.

713 Huit Eftampes gravées d'après *Rubens* ; fçavoir :

B. *Antonius Ægyptus Nobilis , primo ætatis flore, mundo moriturus*, Eftampe gravée par *P. Clouvvet*.

 Ce

Ce Morceau n'eſt pas commun.

Saint Juſte, Martyre, portant ſa Tête dans ſes mains, & gravé par *Witdoëck*, rare.

Une Nativité en largeur, gravée par *Lucas Voſterman*.

Les quatre Peres de l'Egliſe: Ce Morceau ſe trouve difficilement beau.

Une Nativité en hauteur, par *Bolſvvert*.

Une Sainte Famille en hauteur, par *Witdoëck*.

Sainte Anne faiſant lire la Vierge, par *Bolſvvert*.

Une Sainte Famille en hauteur, auſſi par *Bolſvvert*.

714 Dix autres Morceaux gravez d'après *Rubens*; ſçavoir:

Une Danſe en largeur gravée à l'eau-forte, par *Jean Thomas*; elle n'eſt pas commune.

Deux autres Sujets galans auſſi en largeur, dont l'un eſt gravé par *Vanden-Wingaerde*; ils ſont auſſi peu communs.

L'Hôtel de *Rubens*, ſitué à Anvers, & gravé en deux Morceaux, par *Harrevyn*. Ces deux Eſtampes ſont fort rares.

Une Sainte Famille en hauteur, gravée par *Bolſvvert*, dans laquelle l'Enfant l'Enfant Jesus joue avec un Oyseau.

L'Enfant Jesus qui couronne Sainte Catherine, Estampe gravée par *Pietre de Jode*.

Une Nativité en largeur, dans laquelle les Bergers viennent adorer l'Enfant Jesus, gravée par *Bolsvvert*.

Une Nuit en largeur, dans laquelle est représentée une Fuite en Egypte, gravée par *Marin*.

Réconciliation de Jacob & d'Esaü, en hauteur, par *Balliu*.

715 Six Estampes en hauteur, gravées d'après *Rubens*; sçavoir:

Celle des trois Graces, avec sa contre-Epreuve, par *Pietre de Jode*.

Susanne & les Vieillards, *par Paul Pontius*.

Le Martir de Saint Laurent, par *Vorsterman*.

Une Adoration des Rois, par *Bolsvvert*, avec sa contre-Epreuve.

Le Saint Roch, par *Paul Pontius*.

Le Mariage de Saint Joseph & de la Vierge; Epreuve avant la Lettre.

Les trois premieres Estampes de cet Article se trouvent très-difficilement belles Epreuves.

716 Vingt-

38   1   716 Vingt-quatre Payſages, de moyenne grandeur, gravez d'après *Rubens*.

Cette ſuite n'eſt ordinairement compoſée que de vingt Morceaux; il s'en trouve ici vingt-quatre, parce qu'il y en a un qui a ſa contre-Epreuve; un autre qui ſe trouve avec des differences, & avant que les Figures y ayent été gravées; les deux autres, qui ſont une Marine, & l'autre un Payſage, dans lequel il y a une Sainte Famille placée à la gauche de l'Eſtampe, s'y trouvent rarement. Ces Payſages ont été triez ſur plus d'une douzaine de ſuites.

9   717 Trente-deux petits Payſages & Sujets, tant de *Rubens* que de *Van Vden*, & de *Zagltleven*, parmi leſquels il y en a qui ſont rares.

50   1   718 Le grand Couronnement d'Epines d'après *Wandyck*, gravé par *Bolſvvert*, & que les Maîtres de l'Art regardent comme le Chef-d'œuvre de la Gravure.

719 Onze

719 Onze Estampes d'après *Wandyck*,   33_18
  dont neuf Sujets & deux Portraits ;
  sçavoir :

  Un Christ mort, en largeur, gravé
par *Bolsvvert*.

  Une Vierge, par *Snyers*.

  Sainte Rozalie couronnée par
l'Enfant Jesus, & gravée par *Paul
Pontius*.

  Une Elevation de Croix par
Bolsvvert.

  Un autre Christ mort, en hauteur, & gravé par *Paul Pontius*.

  Le Portrait du Prince Thomas de
Carignan, par le même.

  Le Portrait de Vander Borcht, par
Vermeulen, &c.

720 Deux autres Morceaux gravez d'a-   33. 5
  près *Wandyck*, sçavoir :

  Dalila qui livre Samson aux Phi-
listins, grande Piece en largeur gravée par *Snyers*. Epreuve avant la
Lettre.

  Un Christ mort, soutenu par la
Vierge & adoré par les Anges ; Piece
en largeur gravée par *Wosterman*.

  Ce Morceau est un des plus estimez que ce Graveur ait fait.

721 Les trois plus beaux Morceaux qui   11. 4
                              ayent

ayent été gravez d'après *Seghers*,
fçavoir :

Le Reniement de S. Pierre par
Bolſvvert.

Une Eſtaminée gravée par *Lau-
vvers*.

Une Sainte Cecile par le même.

30　722 Deux ſujets de Payſans, gravez d'a-
près *Oſtade* par *Suyderoef*, dont un
eſt avant la Lettre.

Plus, quatre autres Portraits auſſi
gravez par *Suyderoef*, d'après *Frans
Hals*, dont un eſt pareillement avant
la Lettre.

30　1　723 Dix Portraits gravez par *Suyderoef*.

Quatre ſujets de Payſans gravez
par *Jean Wiſcher*, d'après *Oſtade*.

Trois autres petits Portraits gravez par *Corneille Wiſcher*.

En tout dix-ſept morceaux.

33　724 Onze autres Eſtampes gravées par
Corneille Wiſcher, tant Portraits que
Sujets, fçavoir :

29　　Une Chaſte Suzane avec les deux
Vieillards.

Les deux *Baſſans* en largeur.
La Bohémienne.
Notre Seigneur que l'on met dans
le Tombeau, d'après *le Baſſan*.
Deux Epreuves du Portrait de Cop-
penol, l'une avec la Lettre, & l'autre
ſans la Lettre.　　　　　　　Deux

Deux autres Epreuves du Portrait de *Vondelius*, dont l'une est pareillement avec la Lettre, & l'autre sans la Lettre, avec plusieurs changemens.

Le Portrait du Pape Alexandre VII.

Celui de Daniel de Goyer, avant la Lettre.

225 Trois autres Morceaux du même *Wischer*, sçavoir :

Le Bal d'*Ostade* avant la Lettre.

Le Vielleux d'après *Ostade*.

La Mort aux Rats avant la Lettre.

On sçait la difficulté qu'il y a à trouver ces trois Morceaux beaux d'Epreuve.

726 La Fricasseuse par *Corneille Wischer*, avant le nom de Clement de Jonghe. C'est ainsi qu'il faut qu'elle soit pour être des premieres Epreuves.

Un Chirurgien qui panse le pied d'un Paysan, Estampe gravée par le même ; & d'une Epreuve avant la Lettre.

Autre Sujet en hauteur, d'après *Ostade*, & gravé par le même ; il représente un Paysan qui conte fleurete à une Paysane, & qui boit à sa santé.

Le Chat de *Wischer*.

En tout quatre Morceaux.

727 Les

727 Les trois Portraits gravez par *Wif-cher*, connus fous le nom des trois Barbes, fçavior :

Celui de *Scriverius*.

Celui de *Bouma*, Epreuve avant l'année qui eft ordinairement gravée au bas de l'Eftampe.

Celui de Guillaume de *Ryck*, appellé la Barbe carrée.

728 Le fameux Portrait d'André Deonyf-zoon, connu fous le nom du *Portrait au Piftolet*.

Ce Portrait eft le plus rare de ceux que *Wifcher* a gravé.

729 Quatre Eftampes d'après *Van Lar*, furnommé le *Bamboche*, dont trois entr'autres font des plus capitales que *Wifcher* ait gravées, fçavoir :

La Bataille des Huzards.

Le Coche volé.

Le Four.

Un Payfage en largeur dans lequel il y a un Cavalier avec plufieurs chiens de chaffe.

730 Le Portrait de *Kortenaer* Amiral de Hollande, gravé par *Bloetelingh*.

Une autre grande Eftampe, repréfentant le Portrait d'un Prince à cheval, gravé par le même.

Il

Il n'y a au bas de cette Eſtampe, ni nom de Peintre, ni nom de Graveur ; elle eſt ſi rare, que quoiqu'elle ait été gravée en Hollande, elle y eſt inconnuë, ſoit que la Planche ait été perduë, ou qu'elle ait été gravée pour quelque Pays éloigné, & on n'en connoît dans Paris, que deux ou trois Epreuves tout au plus. Indépendamment de la rareté, ces deux Morceaux peuvent être regardez comme les deux Chef-d'œuvres de ce Maître.

731 Trente-ſept Eſtampes, la plus grande partie de Portraits, dont pluſieurs ſont gravez par le fameux *Houbraken* Graveur de Hollande, actuellement vivant, & celui qui y eſt en plus grande réputation. Il y a pluſieurs de ces Portraits qui ſont fort intéreſſans.

Les ouvrages de M. *Houbraken*, ſont fort goutez chez les Anglois, & c'eſt une juſtice qu'ils rendent à ſon mérite. Il eſt preſque tou-

V   jours

jours occupé pour eux. J'ai eu le plaisir de l'aller voir à Amsterdam ; je l'ai trouvé d'une agréable société & d'un caractere liant. Comme il aime tout ce qu'il y a de beau dans l'Art de la Gravure, il est devenu un des plus grands Curieux d'Estampes de la Hollande. Il a eu pour moi toute la complaisance possible, en me faisant voir son Cabinet ; ce qui n'est pas ordinaire chez ces Curieux, auprès desquels il y a presque toujours de grandes précautions à prendre pour se procurer seulement une entrée ; ce qui devient très-souvent rebutant. Cela me fit d'autant plus de plaisir, que tout y est choisi par un homme de l'Art. En effet c'est l'assortiment le plus parfait que j'aye vû en Hollande. L'amour que M. *Houbraken* a pour ses Estampes est si fort, que jamais je n'ai pû le tenter, quelque prix que je lui aye offert, pour l'obliger à se défaire en ma faveur

faveur de quelques Morceaux que je défirois ; ce qui eft fort rare dans ce pays-là, où les Curieux font prefque tous Marchands & toujours prêts à vendre, quand on veut leur bien payer les chofes que l'on attaque.

732 Vingt-fept Eftampes, tant grandes que moyennes & petites, gravées par *Ghein*.

733 Dix Eftampes de differentes grandeurs, gravées par *Mathan*, dont entr'autres :

Un grand Bain de Diane qui eft très-rare.

Cinq jolis petits Portraits gravez par *Ghein*.

En tout quinze pièces.

734 Onze autres Morceaux gravez par *Mathan*, fçavoir :

Quatre pour l'hiftoire de l'Enfant Prodigue.

Les quatre heures du jour, &c.

Ces deux fuites font rares.

735 Le Chien de *Goltius*.

On a donné ce nom à une Eftampe qui repréfente une efpece

de

de jeune Page qui tient un oiseau sur son poing & qui tâche de monter sur un chien. On la regarde comme une des belles choses qui puissent s'exécuter en Gravure, par rapport à la finesse avec laquelle le poil de ce Chien est gravé; ce qui imite parfaitement le naturel. Tout le monde connoît la rareté de cette Estampe, & la difficulté sur-tout qu'il y a à la trouver nette & point négeuse dans les tailles qui expriment la tête de ce jeune Page.

736 Quarante-cinq petits Portraits de *Golztius.*

Les Estampes de *Golztius* les plus difficiles à trouver, sont les petits Portraits qu'il a gravé, parce que la plûpart ont été faits pour l'usage ou l'ornement, & non pas pour en tirer des empreintes. On en a même souvent doré les Planches, ce qui en a rendu les Epreuves plus rares. On en trouvera plusieurs d'interessants,

fants, tant grands que petits,
dans ce Numero.

737 Vingt-deux autres Morceaux gravez   13 4
par *Golztius*, fçavoir:

Un grand S. Jerome en hauteur.

Les petits Apôtres en quatorze
pieces.

Une fuite de trois Morceaux, repréfentant un Bacchus, une Cerès
& une Venus.

Pigmalion & fa Statue.

Un Chrift mort, foutenu par un
Ange.

Deux très-petits Sujets de forme
ronde, extrêmement finis & peu
communs, dont l'un repréfente un
Bain de Diane, & l'autre Loth &
fes filles.

738 Neuf grands morceaux gravez par   32
le même, fçavoir:

Un Hercule tenant fa Maffuë.

Mars & Venus furpris par les
Dieux.

Une fuite de fix Morceaux, repréfentant une Annonciation, une
Vifitation, une Nativité, une Adoration des Rois, une Circoncifion
& une Sainte famille.

L'Affemblée des Dieux d'après
Sprangers ; elle eft fort rare.

13 12 **739** Trente-quatre Morceaux de *Corneille* & d'*Abraham Bloemaert*, tant Sujets que Portraits de differentes grandeurs, dont entr'autres :

Une suite de quinze petits Sujets champêtres.

Une autre petite suite des quatre Elémens.

Une autre suite, *idem*.

Le Moutardier.

Joseph & la femme de Putifar, d'après *Vouet*.

Le Portrait d'*Abraham Bloemaert*.

Un Saint François d'après *Cirofer*, &c.

29 **740** Trois Estampes capitales des mêmes *Bloemaert*, sçavoir :

La mort de la Vierge en largeur, gravée d'après *Gio Francisco Barbieri da Cento*.

Une Sainte Famille en hauteur, d'après le *Carrache*.

Un Paysage gravé d'après *Abraham Bloemaert* par *Mathan*.

36 8 **741** Dix-huit Morceaux gravez par *Jean Muller*, dont entr'autres :

Un Groupe vû de trois côtez, gravé d'après *Adrien de Uries*.

Un autre Groupe d'après le même Maître, & vû pareillement de trois côtés.

Un

Un Dieu de pitié.

Persée qui se fait armer, gravé d'après *Sprangers.*

La Résurrection du Lazard, avant la Lettre.

Le Portrait du Prince Spinola.

Celui d'Albert Archiduc d'Autriche.

Celui du R. P. Jean Neyen Général de l'Ordre de S. François.

Les trois Parques, &c.

742 Huit Estampes gravées par *Saerdam,* de differentes grandeurs, sçavoir :   33 12

Deux Paysages en hauteur d'après *Abraham Bloemaert,* dont l'un est gravé par *Saerdam* & l'autre par *Mathan.*

Trois autres grandes Estampes, aussi en hauteur, représentant Venus, Cerès & Bacchus.

L'Antre de Platon.

Adam & Eve.

Angelique & Medor.

743 Vingt moyennes & petites Estampes   33. 3
du même *Saerdam,* sçavoir :

L'Amour qui caresse sa mere, d'après *Golztius.*

Judith & son pendant, d'après le même.

Trois Sujets de Nymphes, d'après le même.

Les

Les cinq sens de nature, d'après
le même.

Une Chaste Suzanne d'après *Corneille de Harlem*.

Adam & Eve, d'après le même.
Le Bain de Diane, d'après *Golztius*.

Ce dernier Morceau est très-rare.

744 Dix-sept autres Estampes du même
Maître, sçavoir :

Les sept Planetes d'après *Golztius*.
L'Histoire d'Elie en quatre morceaux d'après *Abraham Bloemaert*.
L'Histoire d'Adam en six autres
morceaux, d'après le même.

745 Neuf Morceaux capitaux du même
Saerdam, sçavoir :

Un petit Sujet en hauteur, d'après
Golztius, représentant un Peintre qui
peint une femme qui se regarde dans
un Miroir soutenu par un Amour.

Un autre petit Morceau représentant Mars & Venus, d'après *Pierre
Isach*.

Une moyenne Estampe en hauteur,
dans laquelle sont réunis Bacchus,
l'Amour, Cerès & Venus, d'après
Abraham Bloemaert.

Loth & ses filles, d'après *Golztius*.
Les Vierges sages & les Vierges
folles

folles en cinq morceaux inventés &
gravés par *Saerdam*.

Ces cinq dernieres Eſtampes
font celles qui ont été faites avec
le plus de foin par ce Graveur;
elles font auſſi les plus difficiles
à trouver belles & parfaites, à
cauſe de la fineſſe des tailles qu'il
a employé dans les chairs, & il
eſt extrêmement rare de les avoir
toutes d'une égale Epreuve, comme font celles-ci.

746 Quatre autres grands Morceaux des
plus intereſſans du même *Saerdam*,
ſçavoir :

Un Bain de Diane en largeur.
Vertumne & Pomone, d'après
Abraham Bloemaert.
Bacchus, Venus & l'Amour, d'a-
près *H. Golztius*.
La Naiſſance de N. S. annoncée
aux Bergers par les Anges, d'après
Abraham Bloemaert.

747 Quarante petites Eſtampes, tant Portraits que Sujets & Payſages de *Bartholomé Brehemberg*, *Criſpin de Pas*,
Etienne de Laune & autres Maîtres.

748 Trente Portraits gravez par *Gillès*
36. 2   *Sadeler*

Sadeler, parmi lesquels il y en a plusieurs de fort rares.

50·12 749 Les quinze Estampes gravées par le même *Sadeler*, d'après le *Bassan*, & qui forment cette suite complete, dont voici le détail :

Les quatre Saisons, en largeur.

Les trois Sujets appellez les Cuisines, aussi en largeur.

L'Annonciation aux Bergers de la Naissance de Notre Seigneur par les Anges, en hauteur.

L'Egredere de terra tua, en largeur.

Une Adoration des Rois, en hauteur.

Une autre Nativité, en largeur.

Un S. Christophe, en hauteur.

Une autre Annonciation de la Nativité aux Bergers, en largeur.

L'Adoration de l'Enfant Jesus par les Bergers, en largeur.

La Piece en largeur, appellée la Laitiere.

On sçait la difficulté qu'il y a à pouvoir réunir ces quinze Morceaux quand on les veut avoir de bonnes Epreuves, & sur-tout la Laitiere, les quatre Saisons & les trois

trois Cuisines qui font les plus
rares.

750 Les douze Mois de l'année gravez par
le même *Sadeler*, dans fix grands
Payfages ornez de beaucoup de figures, dont les actions ont rapport
aux differens mois qui y font repre-
fentez.

Ces Payfages fe trouvent rarement beaux d'Epreuve.

751 Les douze mois de l'année, gravez
par le même *Sadeler*, & ornez pareillement d'un grand nombre de Figures qui repréfentent differens Sujets convenables à chaque mois, avec
un titre dans lequel font repréfentées
les quatre Saifons.

Ces douze mois ne font pas
moinsdifficiles à rencontrer beaux,
que les précédens.

752 Trente Payfages, fçavoir;
Vingt-deux par *Sadeler*.
Les quatre Saifons par *Mathieu
Merian*.
Quatre autres Saifons d'après *Jean
Bol*.

753 Sept

26 5   **753** Sept autres Eſtampes gravées par *Sadeler*, ſçavoir :

Un grand Morceau repréſentant la Sale de Prague. Elle eſt rare.

Un autre grand Morceau, qui eſt un Bain de Diane, auſſi fort rare.

Cinq autres plus petites Eſtampes, dont entr'autres :

Deux gravées d'après *Stradan*, qui ſont le Riche & le Pauvre ſurpris par la mort, &c.

28   **754** Les Cérémonies des Juifs, gravées en vingt morceaux par *Bernard Picard*.

36   **755** Quatorze autres Morceaux du même Maître, qui ſont les Epithalames ou Nôces, avec une grande vignete.

Ces Epithalames ſont regardez comme ce que *Bernard Picard* a gravé de plus agréable.

20   **756** Dix-ſept Eſtampes gravées par le même, ſçavoir :

Deux Epreuves de la Minerve, l'une avec les Vers, qui eſt la plus rare, & l'autre ſans les Vers.

Le Maſſacre des Innocens.

Le grand Titre des Métamorphoſes d'Ovide.

Pluſieurs Titres & Vignetes des plus agréables qu'il ait fait.

L'Eſtampe

L'Eftampe du Maffacre des Innocens & celle de la Minerve,
qui toutes deux font fort rares,
font auffi regardées comme les
deux morceaux capitaux de ce
Maître.

757 Quarante-une Eftampes de *Sebaftien
le Clerc*, fçavoir :   25

    La Paffion de N. S. en trente-fix
morceaux, Epreuves avant les bordures.

    La Pierre du Louvre, Epreuve
avant l'année 1672. que l'on trouve
ordinairement gravée au milieu du
bas de la Planche.

    Le Catafalque du Roi de Suede,
Epreuve avant la Lettre.

    Le Maufolée du Chancelier Se-
guier.

    Le Miracle de la Multiplication
des Pains.

    Le *Puer Parvulus*, avant la Lettre.

758 Deux autres Eftampes capitales du
même *Sebaftien le Clerc*, qui font :   48 . 11

    L'Academie des Sciences, Epreuve
avant l'ombre qui a été ajoutée depuis.

    Le Triomphe d'Alexandre dans
Babilone, Epreuve recommandable

X   &

& rare, & que l'on appelle ordinairement, *la Tête retournée.*

29 11 759 Huit Estampes gravées par *de la Belle,*
scavoir :

>   Les cinq Morts.
>   Un grand Siege de Ville.
>   Le Reposoir.
>   La Vûë du Pont-neuf de Paris.

Ces deux derniers morceaux
font très-rares, & très-difficiles à
trouver belles Epreuves, sur-tout
celui du Pont-neuf qui a été re-
ouché.

50   760 Deux Morceaux capitaux gravez par
Callot ; scavoir :

>   La Tentation de S. Antoine.
>   La Foire de Nancy.

30 - 6 761 Sept Morceaux gravez par *Callot,*
scavoir :

>   La Chasse.
>   La Ruë de Nanci.
>   Le jeu du Berlan.
>   La petite Foire ou le jeu de Boule,
>   Epreuve avant le nom de *Callot,* &
>   très-difficile à trouver belle Epreuve.
>   Le Rocher, aussi rare.
>   Saint Jean dans l'Isle de Pathmos.
>   La Pandore dans laquelle Jupiter
>   n'a

n'a point de Foudre en main. C'est la plus rare.

762 Soixante petits Morceaux de *Callot*, sçavoir :   30

Les grandes miseres de la Guerre en dix-huit morceaux.

Les sept Pechés mortels & l'Enfant *Jesus*.

Deux Epreuves du passage de la Mer rouge, dont l'une qui est la premiere, est avant que le flot ait été tronqué.

La Vie de la Vierge en 12. morceaux.

Les trois petits Sacrifices, rares.

Dix-neuf petits ovales & ronds, Epreuves avant que les extrêmités en ayent été tronquées.

763 Cinquante-quatre Estampes de *Hollard*, dont entr'autres :   36

Le Lievre, rare.

Les Manchons, aussi rares.

Un Livre en douze feuilles de differentes formes de Vaisseaux.

Plusieurs jolis petits Paysages.

Quelques Portraits, &c.

764 Treize Estampes gravées par differens Maîtres François, la plus grande partie par *Poilli*, sçavoir :   2

La Nativité, d'après le *Guide*.

La Vierge d'après *Raphael*, qui leve le voile de l'Enfant Jesus dor-

X ij   mant;

mant ; c'est la rare avec les traits de compas qui sont au bas de la Planche à main gauche.

Une autre Vierge d'après le *Guide*.

Une fuite en Egypte d'après le même.

Deux Epreuves d'une sainte Famille, d'après *Raphael*, dont l'une est avant la Lettre & les Armes.

Saint Jean l'Evangeliste d'après *le Brun*.

Un grand Portement de Croix d'après *Mignard* par *Audran*, &c.

765 La Franche-Comté gravée par *Simonneau* d'après *le Brun*.

766 Dix morceaux ; sçavoir, neuf Portraits & un Sujet, gravez tant par *Nanteuil* que par *Masson*, qui sont :

Pompone de Bellievre.

Le petit Loret.

Sarrasin.

Le petit Milord.

L'Avocat de Hollande, avant la Lettre.

Le Brisacier, aussi avant la Lettre.

Charrier Lieutenant Criminel de Lyon.

Du Puis, &c.

La plûpart de ces Portraits sont les plus interessants de ces deux Maîtres. 767

767 Quatre grands Portraits & quinze petits, gravez par differens bons Maîtres François, dont entr'autres :

Celui de M. l'Archevêque de Reims, par M. *Petit*, d'après M. *Rigaud*.

Diogenes tenant le Portrait de feu M. le Cardinal de Fleuri, gravé par *Thomaffin* d'après M. *Autereau*.

Le Portrait de *Vander Meulen*, gravé par *Van Schuppen*, d'après M. *de Largilliere*.

Celui de Madame la Duchesse d'Orléans par *Simmonneau*, d'après M. *Rigaud*.

768 Saint Pierre de Nolasque.   15 . 5

C'est le plus beau & le plus rare morceau que *Mellan* ait gravé.

769 Huit autres Estampes, sçavoir :   7 . 15

La sainte face par *Mellan*.

Six autres Estampes, tant Sujets que Portraits par le même.

Un grand Morceau représentant une batterie de Paysans d'après P. *Brughel*.

770 La Sainte Famille gravée par *Edelinck*, d'après *Raphaël*, Epreuve avant les Armes, qui est la plus rare.   27

771 La Madelaine gravée par *Edelinck*, d'après M. *le Brun*, Epreuve avant la Lettre.   30

Cette Eſtampe eſt regardée comme le Chef d'œuvre de ce Maître.

772 Quatre des plus beaux Portraits qu'*Edelinck* ait gravé, ſçavoir :

Celui de Keller en petit ; il eſt extrêmement rare. Celui-cy eſt d'une Epreuve avant la Lettre.

Celui de Remi du Laury.

Celui de *Champagne*, Peintre, d'après le Portrait que *Champagne* a peint lui-même.

Celui de *Desjardins*, Sculpteur, d'après M. *Rigaud*.

773 Vingt Eſtampes gravées par *Edelinck*, la plûpart de grands & petits Portraits, dont entr'autres :

Celui de Mouton, fameux Joüeur de Luth, d'après M. *de Troyes*.

Celui de l'Abbé de Lionne, d'après M. *Jouvenet*.

Celui de Dilgerus, rare.

Celui de Moreri, Auteur du Dictionnaire, d'après M. *de Troyes*, rare.

Celui de Furetiere, d'après *de Seve* ; auſſi rare.

Celui de M. le Chancelier le Tellier.

Pluſieurs autres beaux Portraits, dont quelques-uns ſont avant la Lettre.

Plus, quatre petites Vignettes & deux Frontiſpices.   774

774 Deux des plus notables Portraits de   49 19
M. *Drevet*, fils, fçavoir:
Celui de M. Boſſuet, Evêque de
Meaux, d'après M. *Rigaud*.
Celui de M. le Cardinal de Fleu-
ry, d'après le même.
775 Deux autres beaux Portraits, d'après   24 12
M. *Rigaud*, fçavoir:
Celui de M. le Duc de Villars par
M. *Drevet*, pere; il eſt très-rare.
Celui de M. de Vintimille, Arche-
vêque de Paris, par M. *Claude Dre-*
vet, aujourd'hui vivant; il eſt auſſi
fort rare.
776. Huit autres morceaux grands & pe-   18 5
tits, gravez la plûpart par MM. *Dre-*
vet, dont entr'autres:
Le Portrait de M. le Cardinal du
Bois, d'après. M. *Rigaud*.
Celui de Keller, d'après le même;
rare.
Celui du Comte de Sinzendorf,
d'après le même; auſſi rare.
Celui de M. Orry, Controlleur
Général des Finances, d'après le même M. *Rigaud*, & gravé par M. *L'E-*
picier.

Eſtampes en maniere noire.

777 Six Morceaux, tant Sujets que Por-   31 10
traits

traits gravez par *Smith*, fçavoir :

La Sainte Famille d'après *Carlo-Maratti*.

La Madelaine à la Lampe, avant la Lettre.

La Madelaine au Chardon.

La Veuve, avant la Lettre.

Le Portrait de la Demoiselle Croff, avant la Lettre.

Une Dormeuse, d'après *Mieris*.

27 12 778 Onze autres beaux Morceaux de *Smith*, tant Sujets que Portraits, dont entr'autres :

Une Vierge d'après le *Schiedon*.

Le Confeffeur.

Une autre Vierge d'après *le Baroche*.

Le Portrait de Mademoifelle She-rard.

Celui de *Scalcken*.

Celui du Maréchal Schomberg.

Celui de Corelli.

Celui du Comedien, habillé en Cordelier &c.

16 2 779 Vingt-deux Morceaux, tant Sujets que Portraits des meilleurs Maîtres en maniere noire, comme *Bloete-lingh*, *Verkolie*, *Gole*, &c.

30 10 780 Seize autres morceaux gracieux & comiques des mêmes Maîtres en maniere noire, parmi lefquels il y en a plufieurs de rares. *Grandes*

Grandes Eftampes.

781 Sept Morceaux, fçavoir :

Le Martyr de Saint Etienne, par *Corneille Cort.*

Un Payfage dans lequel eft repre-fenté Saint François, qui reçoit les Stigmates.

Regulus renfermé dans un Ton-neau, gravé par *Salvator Roza.*

Une grande Thefe de Philofophie en deux morceaux, dédiée à l'Empe-reur Leopold, & gravée par *Roullet* d'après *Ciro-Fer.*

Deux autres pareilles Thefes, dont l'une eft dediée à Innocent XI. & l'autre au Prince Ferdinand, Evêque de Paterborn ; toutes deux gravées par *Roullet*, d'après le même *Ciro-Fer.*

Une autre Thefe dediée à Cle-ment X. par les mêmes Maîtres.

782 Six autres belles Eftampes d'Italie, fçavoir :

Un Plafond dédié au Cardinal Al-terio, gravé par *Freij*, d'après *Carlo-Maratti.*

Saint Pierre qui prefente à la Vier-ge les cinq Saints canonifez par Cle-ment X. ; Eftampe gravée par *Pietro d'Aquila*, d'après le même *Carlo-Ma-ratti.*

La

La Béatification de Sainte Petro-
nille, gravée par *le Chevalier Dorigny*, d'après *le Guerchin*.

Le Miracle d'un Enfant ressuscité,
gravé par *Freij* d'après *Bonnaventu-
ra Lamberti*.

Une autre Estampe qui represente
la Vierge sur un Autel, au bas duquel
il y a deux Religieux Carmes ; elle
est gravée par le même, d'après *Sebastien Conca*.

Une Thèse dédiée à Innocent XII.
gravée par *Auden Aert*, d'après *Cor-
bellinus*.

40 10 783 Onze beaux Morceaux gravez d'après
Pietre de Cortone & *Ciro-fer*, par
Pietro d'Aquila & *Charles de la Haye*.

Cet Article est très-interessant.

26 784 Cinq autres beaux Morceaux, sçavoir :

Les deux Batailles de Constantin,
gravées par *Faraonius Aquila*, d'après
André Camasseus.

Le Triomphe d'Alexandre sur l'Ar-
mée de Darius, gravé par *Pietro d'A-
quila*, d'après *Pietre de Cortone*.

Une autre grande Estampe en deux
Morceaux, gravée par *Westerhout*,
d'après *Ciro-fer*.

Une grande Bataille de Constantin en quatre morceaux, gravée par
Pietro

Pietro d'Aquila d'après le Tableau peint par *Jules Romain* dans le Palais du Vatican, sur le Deſſein inventé par *Raphael d'Urbain*.

Ce dernier Morceau n'eſt pas commun.

785 Huit autres Eſtampes, dont entr'autres :   18 16

L'Adoration des Rois gravée par *Mathan* d'après *Frederic Zuccaro*.   72 12

La priſe de N. S. au Jardin des Olives, & ſon crucifiement par *Nicolas de Bruyn*.

Le Couronnement de la Reine de Suede, gravé par *Corneille Wiſcher*. Morceau extrêmement rare, &c.

La diſpute d'Apollon & de Midas, inventée & gravée par *Golztius*. Morceau auſſi fort rare.

786 Deux autres Morceaux de conſequence ; ſçavoir :   35

La paix de Munſter, gravée par *Snyderoef*.

Un Payſage avec pluſieurs grandes Chaumieres, des Figures & des Animaux, gravé par *Saerdam* d'après *Abraham Bloemaert*.

Ces deux Morceaux ſont les

plus

plus beaux & les plus intereſſans que ces deux Maîtres ayent faits. Ils ſont très - difficiles à trouver bien conditionnez & d'une belle Epreuve.

21. 2 787 Trois autres Eſtampes capitales & très-rares, gravées par le même *Saerdam*; qui ſont:

Un Morceau repréſentant un Trait hiſtorique de la Hollande, & qui porte pour titre dans un Cartouche au bas de la Planche : *Emblema hodierni Rerum ſtatus in Belgica fœderata.*

Un autre Morceau emblematique, qui repréſente également un Trait hiſtorique, & qui porte pour Inſcription au haut de l'Eſtampe : *Elenchus Rerum, Deo auſpice, à confœderatis Belgis, præclarè geſtarum.*

La repréſentation d'une monſtrueuſe Baleine, qui fut trouvée en 1600. ſur les côtes de la Hollande.

16 2 788 Deux beaux Morceaux d'après *Jordans*; ſçavoir:

Le Roy Boit, Epreuve avant la Lettre.

Mercure & Argus qui garde la Vache Io, Epreuve avant le nom de *Bloetelingh*   789

789 Deux Morceaux d'après *Wandyck*, représentant deux Sujets de l'Histoire d'Armide, dont l'un qui est beaucoup plus rare que l'autre, & dans lequel Armide enchaîne Renaud avec une Guirlande de Fleurs, est gravé par *Pierre de Balliu*, & le second par *Pietre de Jode*.

790 Huit Morceaux d'après *Rubens*; sçavoir:

Susane & les Vieillards. Cette Estampe est gravée en Taille de bois, par *Christophe Jegher*.

Un des Travaux d'Hercule, aussi gravé en Taille de bois, par le même.

Un Sujet de Conversation, gravé également en Taille de bois, par le même, en deux Morceaux.

N. S. mis en parallele avec Barrabas par Pilate.

Un Bacanale de Silene & de Satyres, gravé par *Soutman*.

Les Miracles de Saint Ignace, par *Marin*.

Les Miracles de Saint François Xavier, par le même.

N. S. en Croix entre les deux Larrons, par *Bolsvvert*.

791... * Les six grands Paysages gravez

* Les Estampes de *Rubens* contenues dans les

Y

par

par *Bolſvvert* & *Cloüvvet* , d'après *Rubens*.

792 Un Crucifix gravé , par *Paul Pontius* d'après *Rubens* , appellé communément : *Le Crucifix aux Coups - de-poings.*

Ce Crucifix eſt extrêmement rare , ſur-tout à trouver belle Epreuve.

793 Trois Eſtampes d'après *Rubens* , ſçavoir :

La Pentecôte , gravée par *Paul Pontius.*

La Converſion de Saint Paul , par *Bolſvvert.*

Une Chaſſe qui ſert de Pendant à la précédente Piéce, gravée par le même.

794 Quatre Morceaux d'après *Rubens ;* ſçavoir :

Une Aſſomption gravée par *Bolſvvert* , avec ſa contre-Epreuve , qui eſt auſſi forte que l'Epreuve même.

Une autre Aſſomption , gravée par *Paul Pontius.*

N. S. crucifié entre les deux Larrons , gravé par *Bolſvvert.*

795 Quatre autres Morceaux d'après *Ru-*

Numeros ſuivans, ſont toutes des Epreuves ſur-prenantes pour la beauté,

bens

bens, très-difficiles à trouver belles Epreuves ; sçavoir :

Une Nativité de N. S. en hauteur, gravée par *Lucas Vosterman*.

Une Descente de Croix, gravée par le même.

Un Sujet galant en largeur, gravé par *Clouvvet*, très-rare.

La Madelaine chez le Pharisien, gravée par *Michel Natalis*.

796 Deux Morceaux capitaux d'après *Rubens* ; sçavoir : 35

La Céne, en hauteur, gravée par *Bolsvvert*.

La Résurrection du Lazard, qui fait le pendant de la précedente, Epreuve avant la Lettre.

797 Quatre autres beaux Morceaux de *Rubens* ; sçavoir : 30. 2

Le Serpent d'Airain en largeur, gravé par *Bolsvvert*.

N. S. portant sa Croix, en hauteur, & gravé par *Paul Pontius*.

Le Martyr d'un Saint, auquel on a arraché la langue avec des tenailles, Epreuve avant la Lettre.

Un autre grand Morceau, en hauteur, gravé par *Snyers*, & représentant le Saint Sacrement placé sur un Autel au milieu des Peres de l'Eglise.

798 Quatre Morceaux en hauteur d'après *Rubens* ; sçavoir :

Achilles reconnu, gravé par *Corneille Wischer*.

L'Estampe du Tableau, peint par *Rubens*, dans l'Eglise de Saint Jacques d'Anvers, gravée par *Bolsvvert*.

Une autre Estampe gravée par *François Poussin*, d'après un Tableau peint à Gand dans l'Eglise de Saint Bavon.

Une autre Estampe gravée par *Snyers*, d'après un Tableau, qui représente une Vierge qui est élevée sur un morceau d'Architecture au bas duquel sont Saint Augustin, Saint Sebastien, & plusieurs autres Saints.

799 Les Disciples d'Emmaüs gravez par *Antoine Masson*, d'après le Tableau du *Titien*, qui est dans le Cabinet du Roy.

Ce Morceau est regardé comme le Chef-d'œuvre de ce Graveur.

800 Sept Morceaux gravez par differens bons Maîtres François ; sçavoir :

Un grand Passe-partout, d'après M. *Coypel*.

La Vierge au Rosaire, gravée par

par *Gerard Audrand*, d'après *le Do-*
miniquain.

Rebecca, à qui l'Envoyé d'Abraham présente deux Pendans-d'O-
reilles, gravez par *Pierre Drevet*, d'a-
près M. *Coypel.*

Le Jugement de Salomon, gravé par *Gerard Audran*, d'après
Antoine Coypel.

Le *Magnificat*, gravé par *Tho-*
maffin fils, d'après le Tableau peint
par *Jouvenet*, dans le Chœur de Notre-Dame de Paris.

Une Annonciation, gravée par
Duflos, d'après *le Dominiquain.*

Le Tems qui enleve la Vérité,
gravé par *Gerard Audran*, d'après
le Tableau de *Nicolas Pouffin*; Epreuve avant la Draperie.

Le *Quos Ego*, gravé par *B. Pi-*
card, d'après M. *Coypel.*

801 Le Portrait de Louis XIV. en pied,
gravé par *P. Drevet*, d'après M.
Rigaud.

802 Le Portrait de M. Samuel Bernard,
gravé par *P. Drevet*, d'après M. *Ri-*
gaud, Epreuve avant les qualitez qui
y ont été ajoutées depuis.

803 Un très-grand Porte-Feuille de Ma-
roquin rouge, orné de larges Den-
telles d'or.

804

74   804 Plusieurs autres Portes-Feuilles couverts de parchemin verd, & remplis de cayers de papier blanc, & autres.

20   805 Une Armoire de bois de Chêne verni, ouvrante à deux battans ferrez qui ferment à clef; elle est propre à renfermer plusieurs Porte-Feuilles d'Estampes.

F I N.

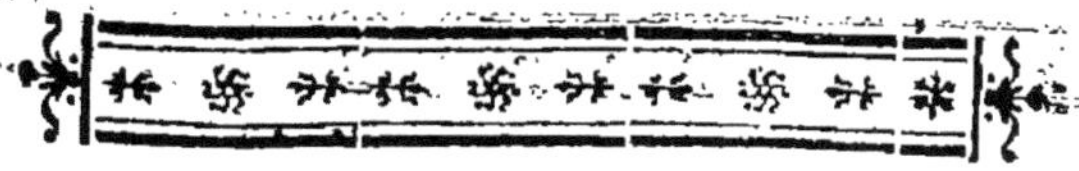

TABLE
ALPHABETIQUE

De la plûpart des Peintres, Sculpteurs, Graveurs & autres Artistes, dont les Ouvrages sont répandus dans ce Catalogue.

La lettre T. dénote les Tableaux.
La lettre D. marque les Desseins.
La lettre E. signifie les Estampes.
Les Chiffres marquent les Numeros dans lesquels il est fait mention de ces Maîtres, ou qui contiennent leurs Ouvrages.

Il n'y a qu'aux Ouvrages de Sculpture, & à d'autres morceaux particuliers qui sont en petit nombre, que l'on n'a point mis de lettre majuscule pour en déterminer la nature.

A.

ADAM l'aîné (*Mr.*) Sculpteur. No. 243.
ALBANE (*L'*) E. No. 638-700.
ALBERT DURER. E. No. 637.
ALDEGRAEF. E. No. 637-704.
ANGUIERES, Sculpteur. No. * 264.
AQUILA, (*Faraonius*) E. No. 784.
AQUILA, (*Pietro D'*) E. No. 782-783-784.
ASSELIN. T. No. 154-198.
   D. No. 555.
AUDRAN, (*Mrs*) E. N. 599-600-601-764-800.
AUTEREAU, (*Mr.*) T. No. 206.
   E. No. 615-767.

A

B.

B

Fin de la Table Alphabétique.

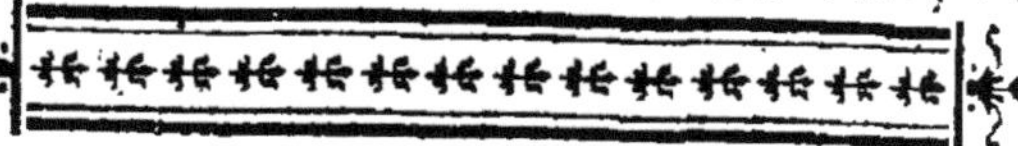

TABLE

DES DIFFERENS GENRES
de Curiosités contenues dans ce Catalogue.

tres , Sculpteurs , Graveurs , & autres
Artistes , dont les ouvrages sont répandus dans ce Catalogue , *à la fin.*

Fin de la Table.

APPROBATION.

J'Ai lû par ordre de Monseigneur le Chancelier
le Catalogue Raisonné, du Cabinet de feu Monsieur le Chevalier DE LA ROQUE , & j'ai crû
qu'on pouvoit en permettre l'impression. A Paris
le premier Avril 1745. *Signé* , MAUNOIR.